铁路基础设施检测技术丛书

铁路轨道检测技术

丛书编委会　编著

中国铁道出版社有限公司

2025年·北　京

内 容 简 介

本书为“铁路基础设施检测技术丛书”之分册。全书共分4章，主要内容有：铁路轨道专业基础知识，包括轨道结构、轨道几何形位及轨道不平顺管理；轨道几何检测系统，包括系统检测参数及指标、系统架构、硬件组成、软件组成以及轨道检测的基本原理、系统标定、常见设备故障及处理方法；轨道检测作业相关方法、流程、标准和要求；车辆加速度检测系统，包括软、硬件构成，操作与维护，检测标准，轨道短波不平顺在线检测操作方法等。本书内容翔实，深入浅出，实用性强，对铁路轨道检测及设备养护维修具有重要意义。

本书适合铁路工程领域轨道检测从业人员参考，也可供高等院校、高职院校铁路相关专业师生学习参考。

图书在版编目（CIP）数据

铁路轨道检测技术 / 丛书编委会编著. -- 北京：中国铁道出版社有限公司，2025. 5. -- (铁路基础设施检测技术丛书). -- ISBN 978-7-113-31965-6

Ⅰ. U216.3

中国国家版本馆CIP数据核字第202540QA58号

书　　名：铁路轨道检测技术
作　　者：丛书编委会

策　　划：刘　霞
责任编辑：刘　霞　　**编辑部电话：**（010）51873405　　**电子邮箱：**lovelxia_2008@163.com
封面设计：高博越
责任校对：苗　丹
责任印制：赵星辰

出版发行：中国铁道出版社有限公司（100054，北京市西城区右安门西街8号）
网　　址：https://www.tdpress.com
印　　刷：北京联兴盛业印刷股份有限公司
版　　次：2025年5月第1版　2025年5月第1次印刷
开　　本：700 mm×1 000 mm　1/16　**印张：**11.25　**字数：**142千
书　　号：ISBN 978-7-113-31965-6
定　　价：115.00元

铁路基础设施检测技术丛书

编委会

序

2024年是中华人民共和国成立75周年，是实现“十四五”规划目标任务的关键一年，也是铁路加快推进“六个现代化体系”建设的重要一年。中国国家铁路集团有限公司党组提出，要以全面深化改革创新为动力，以加快构建“六个现代化体系”为载体，奋力推动铁路高质量发展、率先实现铁路现代化取得新成效，勇当服务和支撑中国式现代化的“火车头”，为以中国式现代化全面推进强国建设、民族复兴伟业贡献铁路力量。贯彻落实加快构建“六个现代化体系”，对铁路基础设施检测保障运营安全的能力提出了更高要求。

随着“八纵八横”高铁网逐步建成，高速铁路运营大修改造窗口期即将到来，“开展时速350公里线路等速检测，拓展普铁周期性综合检测范围，加大跨局检测组织力度，将高温、高寒时段加密检测纳入年度计划，提高动态检测覆盖率、均衡度”已成为加快构建现代化养护维修体系的有效举措之一。

到2035年我国铁路网规模将达20万公里左右，其中高铁7万公里，如何保障大规模路网的安全运营和科学经济的养护维修，也成为未来关注的重点。用机器替代人工，动态替代静态，智能替代经验，精准状态评价替代服役年限评价，是铁路基础设施检测工作未来发展的趋势。

目前我国已成功研制并应用高速综合检测列车、综合巡检车、专业检查车和运营列车在线检测等多种基础设施检测移动装备，为我国铁路运营前联动测试安全评估和运营后日常动态检测养护维修提供了重要手段。

“铁路基础设施检测技术”丛书涵盖铁路基础设施动态检测多个专业，深入浅出，内容翔实，有助于相关人员从多个维度、多个视角系统深入理解动态检测的技术要点，对确保高速列车运行的平稳安全和高速铁路养护维修的长远发展意义重大，社会效益显著。

2024 年 10 月

前　言

轨道检测是全面掌握轨道质量状态、指导养护维修、保障行车安全的重要手段。轨道动态检测装备主要有高速综合检测列车和轨道检查车。本书针对广大轨道检测从业人员而编著，主要介绍了轨道平顺性检测相关的基本知识、检测、操作和维护技术等内容。

本书共分4章。第1章介绍轨道专业基础知识，包括轨道结构、轨道几何形位及轨道不平顺管理。第2章介绍轨道几何检测系统，包括系统检测参数及指标、系统架构、硬件组成、软件组成以及轨道检测的基本原理、系统标定、常见设备故障及处理方法。第3章介绍轨道检测作业的相关方法、流程、标准和要求。第4章介绍车辆加速度检测系统，包括软、硬件构成，操作与维护，检测标准，轨道短波不平顺在线检测操作方法等。

本书由"铁路基础设施检测技术丛书"编委会编著。本书各章编著人员如下：刘秀波（第1章），甄宇峰、刘正毅、王琰（第2章），白京华、李红（第3章），徐晓迪（第4章）。参与编著的人员还有杨爱红、夏博光、夏承亮等。

由于编著者水平有限，书中难免错漏之处，恳请读者批评指正。

编著者

2024年6月

目　录

第 1 章　铁路轨道

第 3 章 轨道检测作业

第1章 铁 路 轨 道

1.1 轨道结构

轨道是铁路的主要技术装备之一，是行车的基础。轨道的作用是引导机车车辆平稳安全运行，直接承受列车荷载作用，并把荷载分布传递给路基或桥隧建筑物。轨道结构应该保证机车车辆在规定的最大载重和最高速度运行时，具有足够的强度、稳定性、平顺性。轨道结构形式包括有砟轨道和无砟轨道两种。

1.1.1 有砟轨道

有砟轨道是指轨下基础采用轨枕、石质散粒体作为道床的轨道，通常称为碎石道床轨道。有砟轨道结构由钢轨、轨枕、联结零件、道床、道岔、轨道加强设备等组成。有砟轨道建设费用低、修复快，机械化养护维修程度高、几何形位调整简单。

1.1.2 无砟轨道

无砟轨道是指采用混凝土、沥青混合料等整体基础取代碎石道床的轨道结构。无砟轨道结构由钢轨、联结零件、无砟道床、道岔等设备组成。无砟轨道采用整体基础，没有碎石道床，提高了轨道保持几何形位的能力，增强了轨道稳定性，维修工作量相对于有砟轨道明显减少。

1.1.3 钢　　轨

1. 钢轨的功用

钢轨是轨道的重要组成部件。它的功用是为车轮提供连续、平顺和阻力最小的滚动表面，引导列车运行方向；直接承受车轮的巨大压力，并分布传递到轨枕；在电气化铁路或自动闭塞区段，还兼作轨道电路之用。

2. 钢轨类型

钢轨类型以每米大致质量公斤数划分。我国铁路的钢轨类型主要有75 kg/m、60 kg/m、50 kg/m及43 kg/m四种。

我国钢轨标准长度为12.5 m、25 m两种，50 kg/m、60 kg/m、75 kg/m钢轨有12.5 m、25 m、100 m三种。正线有缝线路轨道宜采用25 m标准长度钢轨。还有用于曲线内股的缩短轨系列，对12.5 m标准轨系列的缩短轨有缩短量40 mm、80 mm、120 mm三种；对25 m标准轨系列有缩短量40 mm、80 mm、160 mm三种。

随着铁路轨道朝高速、重载方向的发展，长尺钢轨的生产成为一种趋势。如法国生产的钢轨由原来的36 m改造成72～80 m，德国改造成120 m。我国生产100 m长尺钢轨。

我国60 kg/m（实际重量为60.64 kg/m）钢轨截面与UIC60（实际重量为60.34 kg/m）钢轨截面相似，特别是轨顶面半径分别为13 mm、80 mm、300 mm、80 mm、13 mm的五段式弧线。经轮轨动力仿真计算，在轮轨几何接触、轮轨动力性能、轮轨磨耗及现场实际使用效果等方面，国产60 kg/m钢轨截面与UIC60钢轨截面没有明显的差异。从铁路现场对钢轨的使用、管理、钢轨与接头扣件、中间扣件及道岔的配套，工务维修部门维修备件的装备，钢厂生产工艺和设备的简化及生产短轨的利用等多方面考虑，为提高总体经济效益，我国高速铁路也倾向于采用60 kg/m钢轨。城市轨道交通线路正线采用60 kg/m轨，站场线路除试车线、出入场线采用60 kg/m钢轨以外，其余均采用50 kg/m轨。

我国主要钢轨类型的断面尺寸及特征见表1-1，60 kg/m、75 kg/m钢轨断面尺寸如图1-1所示。

表 1-1 我国钢轨断面尺寸及特性

项目	类型				
	75 kg/m	60 kg/m	50 kg/m	43 kg/m	UIC60
每米质量m/kg	74.414	60.64	51.514	44.653	60.34
断面积F/cm^2	95.04	77.45	65.8	57	76.86
轨头所占面积A_h/%	37.42	37.47	38.68	42.83	—
轨腰所占面积A_w/%	26.54	25.29	23.77	21.31	—
轨底所占面积A_b/%	36.04	37.24	37.55	35.86	—
钢轨高度H/mm	192	176	152	140	172
钢轨底宽B/mm	150	150	132	114	150
轨头高度h/mm	55.3	48.5	42	42	51
轨头宽度b/mm	75	73	70	70	74.3
轨腰厚度t/mm	20	16.5	15.5	14.5	16.5

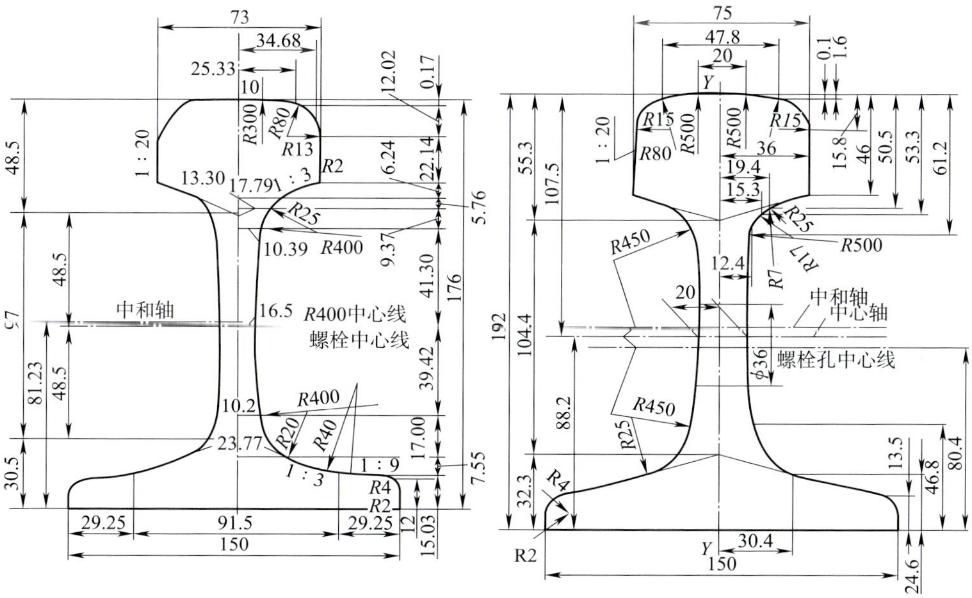

(a) 60 kg/m钢轨　　(b) 75 kg/m钢轨

图 1-1　我国钢轨断面（单位：mm）

60N钢轨是在60 kg/m钢轨的基础上，按照尽量减少改动原来钢轨尺寸的原则，研究设计的新型钢轨，从使用情况来看，60N钢轨的轮轨接触光带居中，可大幅减少打磨工作量，避免曲线地段出现轨距角剥离掉块及疲劳核伤。我国发布TJ/GW142—2015《60N、75N钢轨暂行技术条件》，60N钢轨在我国高速铁路得到大范围推广应用。廓形对比如图1-2所示。

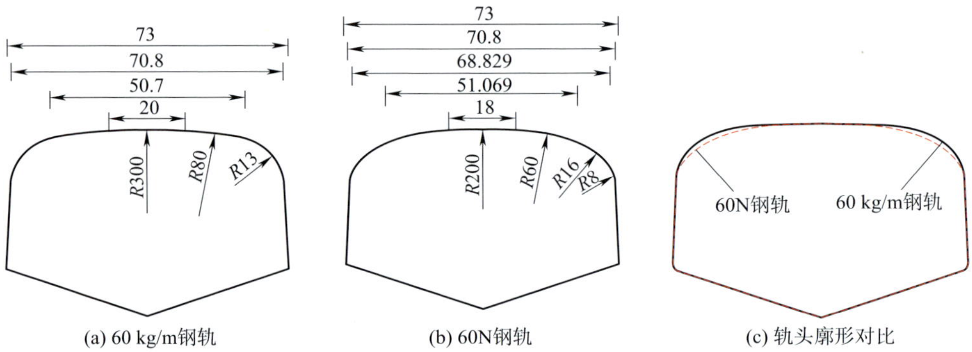

图 1-2　60N 钢轨和 60 kg/m 钢轨对比（单位：mm）

3. 钢轨联结

钢轨联结是指将标准长度的钢轨连接起来，使钢轨联结部分具有与钢轨一样的整体性，给列车提供连续的滚动表面，承受列车通过时作用于其上的动荷载，并满足钢轨伸缩的要求。钢轨联结方式可分为钢轨接头联结、钢轨焊接两种。

（1）钢轨接头

轨道上钢轨与钢轨之间用夹板和螺栓联结，称为钢轨接头。接头处轮轨动力作用大，相应的养护维修工作量大。因此，钢轨接头是轨道结构的薄弱环节之一。

钢轨接头的联结形式按其相对于轨枕位置，可分为悬空式和承垫式两种。按两股钢轨接头相互位置来分，可分为相对式和相错式两种。我国一般采用相对悬空式，即两股钢轨接头左右对齐，同时位于两接头轨枕间。

钢轨接头按其性能可分为普通接头及异型联结、绝缘接头、导电接头、伸缩接头、冻结接头等特种接头。

（2）钢轨焊接

钢轨焊接是指将标准长度的钢轨在工厂或现场用焊接方法焊接成所需长度的长钢轨，铺设于无缝线路的一种钢轨联结方式。无缝线路技术消灭了钢轨接头，不仅可以提高行车平稳性，降低牵引阻力，减少养护维修工作量，还大大减少了钢轨接头破损，是合理使用钢轨的有效措施之一。无缝线路长轨条长度从最初的1～2 km（习惯称为公里）发展至今天的上百千米，钢轨焊接成为其必需的钢轨联结技术。

钢轨焊接是铺设无缝线路的重要环节，焊头几何外形尺寸的平顺和内部质量，是保证无缝线路正常运用的关键。为提高焊后焊道几何外形的整修质量，应采用焊瘤推凸机、钢轨焊道整修专用精铣机或研磨机进行整修，满足钢轨平顺性要求。

4. 钢轨伤损

钢轨伤损是影响行车安全的最大隐患之一。钢轨伤损数量越多，行车的安全度越低，修复、抽换伤损钢轨的费用及中断行车时间所造成的损失越大。钢轨伤损除轨头核伤、表面裂纹等疲劳伤损，擦伤、硌伤等偶然伤损外，主要是运营过程中的磨耗。

钢轨磨耗主要包括钢轨的垂直磨耗、侧面磨耗。垂直磨耗一般情况下是正常的，随着轴重和通过总重的增加而增大。轨道几何形位设置不当，会使垂直磨耗速率加快，可通过调整轨道几何尺寸解决。

侧面磨耗主要发生在小半径曲线的外股钢轨上，是目前曲线钢轨伤损的主要类型之一。列车在曲线上运行时，轮轨的摩擦与滑动是造成外轨侧面磨耗的根本原因。列车通过小半径曲线时，通常会出现轮轨两点接触的情况，这时发生的侧面磨耗最大。改善列车通过曲线的条件，如采用磨耗型车轮踏面，采用径向转向架等会降低侧面磨耗的速率。在我国铁路提速线路和重载快速区段中，直线钢轨出现左右股交替侧面磨耗，形成周期性轨道不平顺，称直线钢轨不均匀侧面磨耗。机车车辆的不稳定蛇行运动与直线段钢轨的交替侧面磨耗往往形成恶性循环。从工务角度讲，应改善钢轨材质，采用耐磨钢轨，加强养护维修，设置合理的轨距、外轨超高及轨底坡，增加线路的弹性，在钢轨侧面适当涂油等，都可产生减小钢轨侧面磨耗的效果。

波形磨耗是指钢轨顶面上出现的波状不均匀磨耗。按其波长分为短波（或称波纹型磨耗）和长波（或称波浪形磨耗）两种。波纹形磨耗为波长约50～100 mm，波幅0.1～0.4 mm的周期性不平顺；波浪形磨耗为波长100 mm以上，3 000 mm以下，波幅2 mm以内的周期性不平顺。波形磨耗会引起很高的轮轨动力作用，加速机车车辆及轨道部件的损坏，增加养护维修费用；此外，列车的剧烈振动，会使旅客不适，严重时还会威胁行车安全；波形磨耗也是轮轨噪声的来源。影响钢轨波形磨耗发生发展的因素很多，涉及钢轨材质、线路及机车辆条件等多个方面。目前，关于波形磨耗成因的理论有数十种，大致可分为动力类成因理论和非动力类成因理论两类。总的来说，动力作用是钢轨波形磨耗形成的外因，钢轨材质性能是波形磨耗的内因。目前主要依靠钢轨机械打磨来消除波形磨耗。

钢轨头部允许磨耗限度主要由强度和构造条件确定。即当钢轨磨耗达到允许限度时，一是还能保证钢轨有足够的强度和抗弯刚度；二是应保证在最不利情况下车轮轮缘不碰撞接头夹板。钢轨按头部磨耗程度的不同，分为轻伤和重伤两类，见表1-2和表1-3。

表 1-2　200 km/h 及以上线路钢轨头部磨耗轻伤标准

名　称	总磨耗 /mm	垂直磨耗 /mm	侧面磨耗 /mm
钢轨	9	8	10
基本轨、翼轨、导轨	7	5	6

续表

名称		总磨耗 /mm	垂直磨耗 /mm	侧面磨耗 /mm
尖轨、心轨、叉跟尖轨	轨头宽度10 mm断面	—	—	2.5
	轨头宽度15 mm及以上断面	6	4	6

注：(1) 总磨耗 = 垂直磨耗 + 1/2 侧面磨耗。

(2) 钢轨及道岔导轨、基本轨、翼轨、尖轨、心轨、叉跟尖轨全断面区段，垂直磨耗在钢轨顶面宽 1/3 处（距标准工作边）测量；对于尖轨、心轨、叉跟尖轨机加工区段，垂直磨耗在自轨头最高点测量；翼轨，对应心轨实际尖端至翼轨光带末端范围内垂直磨耗在光带中心处测量。

(3) 侧面磨耗在钢轨踏面（按标准断面）下 16 mm 处测量。

表 1-3 200 km/h 及以上线路钢轨头部磨耗重伤标准

名称		垂直磨耗 /mm	侧面磨耗 /mm
钢轨		10	12
基本轨、翼轨、导轨		7	8
尖轨、心轨、叉跟尖轨	轨头宽度10 mm断面	—	3.5
	轨头宽度15 mm及以上断面	6	8

1.1.4 轨　枕

轨枕承受来自钢轨的各向压力，并将各向压力弹性地传递给道床，同时，能有效地保持轨道的几何形位，特别是轨距和方向。轨枕应具有必要的坚固性、弹性和耐久性，并能便于固定钢轨，有抵抗纵向和横向位移的能力。

轨枕依其构造及铺设方法可分为横向轨枕、纵向轨枕及短枕等。横向轨枕与钢轨垂直间隔铺设，是一种最常用的轨枕。纵向轨枕一般仅用于特殊需要的地段。短枕是在左右两股钢轨下分开铺设的轨枕，常用于混凝土整体道床。

轨枕按其使用目的分为用于一般区间的普通轨枕、用于道岔上的岔枕、用于桥梁上的桥枕。

轨枕按其材质分主要有木枕、钢枕、混凝土枕和树脂枕等。

在我国主要干线上，除部分小半径曲线上还存在木枕外，绝大部分线路已铺设混凝土枕。

我国铁路使用的混凝土枕，随着轨道荷载（轴重、速度、通过总重）的增加，轨枕截面的设计承载弯矩加强。在设计中，主要采用提高混凝土等级，增加预应力和截面高度等措施。目前使用的Ⅰ型和Ⅱ型枕，其外形尺寸完全相同，Ⅲ型和Ⅳ型枕截面则有所增强，轨下及枕中截面承载能力有较大幅度的提高。Ⅲ型枕尺寸如图1-3所示。

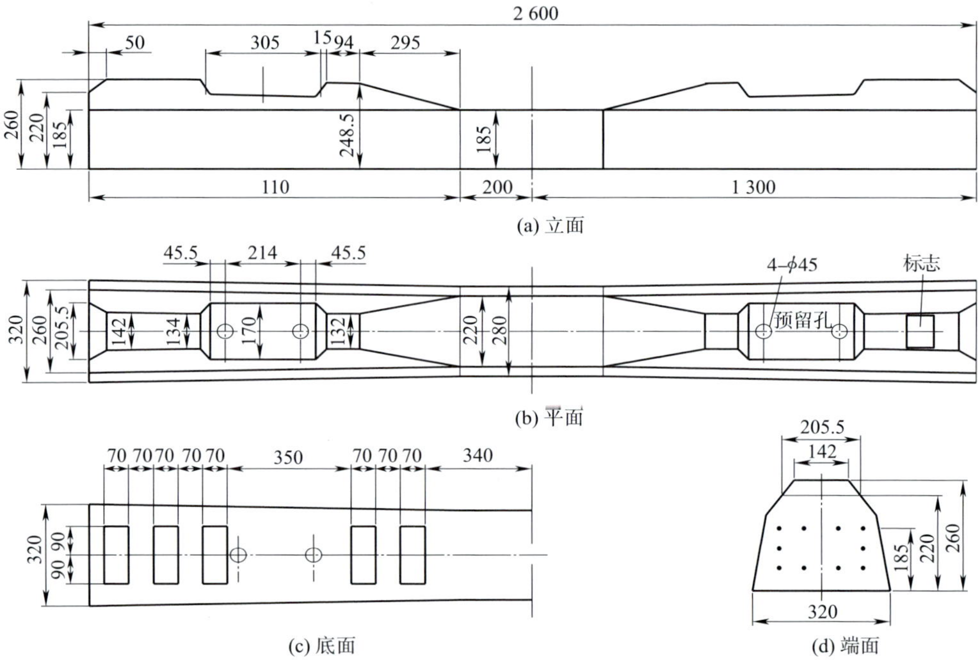

图 1-3　Ⅲ型混凝土枕（单位：mm）

1.1.5 扣　　件

扣件是轨道重要组成部件，钢轨与轨枕间的联结是通过中间联结零件实现的。它的功用在于可以长期有效地保持钢轨与轨枕的可靠联结；将钢轨固定在轨枕上，阻止钢轨相对于轨枕的纵、横向移动，并能在动力作用下充分发挥其缓冲减振性能，延缓轨道残余变形积累。

钢轨扣件系统配件繁多，各个国家所用扣件也不尽相同，但主要分为扣压件、紧固件和弹性垫板三部分。随着轨道结构的发展和列车速度的提高，特别是无砟轨道的出现，钢轨扣件也发生系列变化，以提供更加优异的工作性能。

混凝土枕弹性扣件由螺旋道钉、螺母、平垫圈、扣压件、轨距挡板、绝缘缓冲垫片、绝缘缓冲垫板和衬垫等组成。我国初期的混凝土轨枕扣件只有扣板式和拱形弹片式两种。拱形弹片式扣件由于其强度低、扣压力小、易变形折断，已在我国主要干线上淘汰。

扣板式扣件仍在一些次要干线上使用，目前用得最多的是弹条扣件。我国使用的弹条扣件主要有Ⅰ型、Ⅱ型、Ⅲ型扣件，随着重载和高速铁路的发展，在Ⅱ型、Ⅲ型扣件的基础上开发了Ⅳ型、Ⅴ型扣件及FC扣件。

60 kg/m钢轨弹条Ⅰ型扣件如图1-4所示，主要由ω形弹条、螺旋道钉、轨距挡板、挡板座及弹性橡胶垫板等组成。图中，弹条用于弹性扣压钢轨，要求保持一定的扣压力及足够的强度。Ⅰ型弹条分为A、B两种，A型用于50钢轨，B型用于60钢轨。

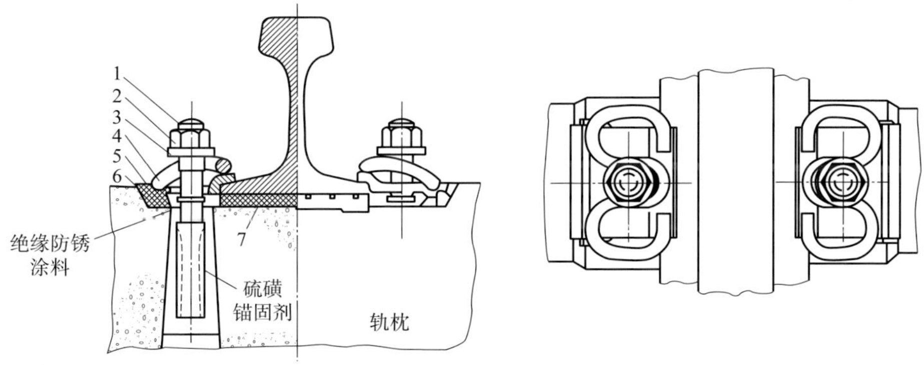

1—螺纹道钉；2—螺母；3—平垫圈；4—弹条；5—轨距挡板；6—挡板座；7—橡胶垫板。

图 1-4 弹条Ⅰ型扣件

弹条Ⅱ型扣件除弹条采用新材料设计外，其余部件与弹条Ⅰ型扣件通用。

我国Ⅲb型混凝土轨枕、60 kg/m钢轨的线路采用Ⅲ型弹条扣件，Ⅲ型弹条扣件无螺栓无挡肩，既消除了轨底在横向力作用下发生横向位移导距扩大的可能性，又大大减小了扣件的维修养护工作量。

弹条Ⅳ型扣件系统是为满足客运专线运营条件，针对铺设预应力混凝土无挡肩枕的有砟轨道的线路条件，基于Ⅲ型弹条扣件，并依据《客运专线扣件系统暂行技术条件》而设计的一种无挡肩无螺栓扣件系统。

弹条V型扣件系统是为满足客运专线运营条件，针对铺设预应力混凝土有挡肩枕的有砟轨道的线路条件，在原弹条Ⅰ型、Ⅱ型扣件，弹条Ⅰ型调高扣件以及石龙桥小阻力扣件的基础上，保持现有轨枕承轨槽尺寸和位置不变的条件下改进而成的有挡肩有螺栓扣件系统。

Fc型扣件系统由弹条、绝缘帽、预埋底座、绝缘轨距块和橡胶垫板等组成。扣件不能进行高低调整，不得垫入调高垫板，以免造成弹条过度变形甚至折断。

我国从20世纪60年代开始无砟轨道的研究，扣件系统的设计和制造在不断创新，现在我国高速铁路无砟轨道常采用WJ-7型、WJ-8型、W300-1型或SFC型等扣件。

1.1.6 有砟道床

有砟道床由一定粒径级配的碎石按设计要求碾压填筑而成，是轨道框架的基础和重要组成部分，具有以下功能：

（1）承受来自轨枕的压力并均匀地传递到路基面上，使之不超过路基面的容许应力。

（2）提供轨道的纵横向阻力，保持轨道的稳定。

（3）提供轨道弹性，减缓和吸收轮轨的冲击和振动。

（4）提供良好的排水性能，以提高路基的承载能力及减少基床病害。

（5）便于轨道养护维修作业，校正线路的平纵断面。

道床断面包括道床厚度、顶面宽度及边坡坡度三个主要特征，如图1-5所示。

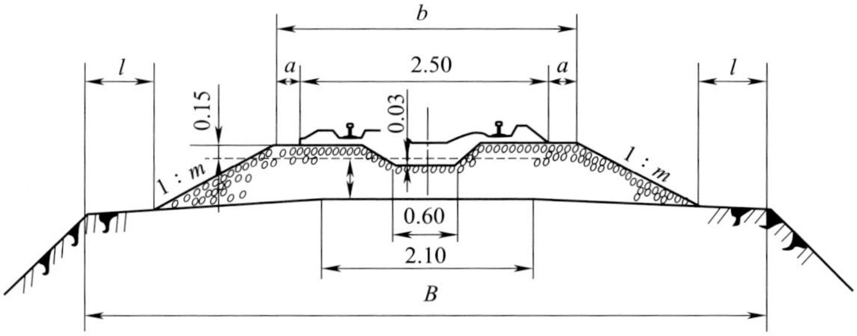

图 1-5 直线地段道床断面（单位：m）

道床厚度是指直线上钢轨或曲线上内轨中轴线下轨枕底面至路基顶面的距离。道床的厚度应使路基表面承受的荷载尽可能分布均匀。从轨枕底部开始测量，道床的最佳厚度通常为25～30 cm。

道床顶面宽度与轨枕宽度和道床肩宽有关。轨枕宽度基本上是固定的，因此道床顶面宽度主要决定于道床肩宽。道床宽出轨枕两端的部分称为道床肩宽。适当的肩宽可保持道床的稳定，并提供一定的横向阻力。值得一提的是，道床肩部堆高是提高轨枕横向阻力最经济有效的手段，但是肩部堆高在高速列车通过的情况下容易造成飞砟现象，影响行车安全。一般情况下道床肩宽在450～500 mm已能满足要求，再宽则作用不大。

道床边坡的稳定取决于道砟材料的内摩擦角与黏聚力，也与道床肩宽有一定的联系。国内外的运营实践表明，边坡坡度1：1.5不能长期保持稳定，因此我国铁路规定正线区间道床边坡坡度均为1：1.75。

1.1.7 无砟道床

我国高速铁路无砟轨道常见的无砟道床有以下几种。

CRTS Ⅰ型板式无砟轨道，道床由预制轨道板通过水泥沥青砂浆调整层，铺设在现场浇筑的钢筋混凝土底座上，由凸形挡台限位，是一种适应ZPW-2000轨道电路的单元轨道板无砟轨道结构形式。CRTS Ⅰ 型板式无砟轨道在路基、桥梁、隧道地段结构组成相同，为预制单元板式轨道结构，自下而上由钢筋混凝土底座、凸形挡台、CA砂浆调整层、预制预应力钢筋混凝土轨道板、扣件、钢轨等组成，如图1-6所示。

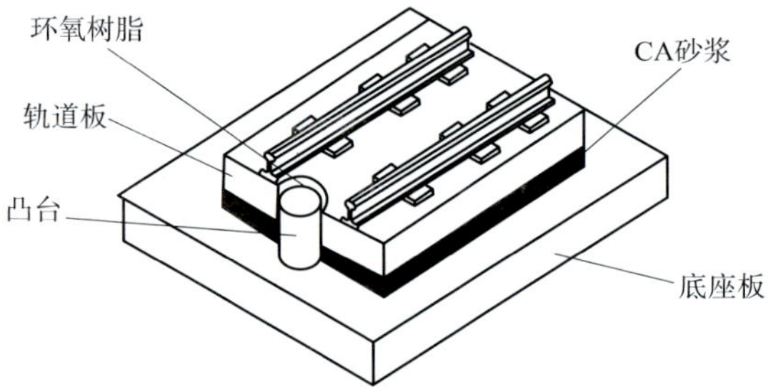

图 1-6　CRTS Ⅰ 型板式无砟轨道结构组成示意

CRTS Ⅱ 型板式无砟轨道，道床由预制轨道板通过水泥沥青砂浆调整层，铺设在现场摊铺的混凝土支承层或现场浇筑的具有滑动层的钢筋混凝土底座（桥梁）上，适应ZPW-2000轨道电路的连续轨道板无砟轨道结构型式。CRTS Ⅱ 型板式无砟轨道技术有很多优点，例如定位精度高、美观、取消伸缩调节器、工程量小、平顺性好等，如图1-7所示。

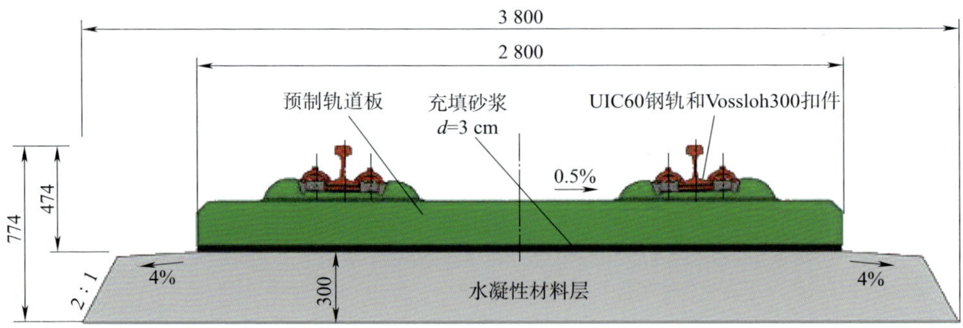

图 1-7　CRTS Ⅱ 型板式无砟轨道结构组成示意（单位：mm）

CRTS Ⅲ 型板式无砟轨道，道床采用预制轨道板铺设在现场摊铺的混凝土支承层或现场浇筑的钢筋混凝土底座（桥梁）上，轨道板上设有钢轨承台。铺设方便，调整简单，如图1-8所示。

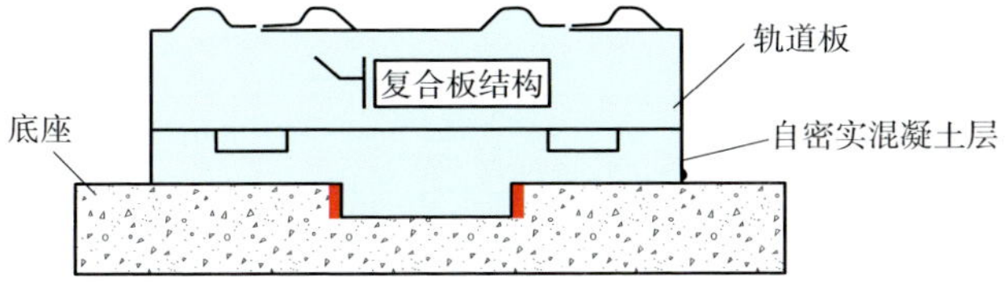

图 1-8 CRTS Ⅲ型板式无砟轨道结构组成示意

双块式无砟轨道，道床是将预制的双块式轨枕组装成轨排，以现场浇筑混凝土方式埋入钢筋混凝土内，并适应ZPW-2000轨道电路的无砟轨道结构型式。

1.1.8 道岔

1. 道岔的功用及类型

道岔是机车车辆从一股轨道转入或越过另一股轨道时必不可少的线路设备，是铁路轨道的一个重要组成部分。由于道岔具有数量多、构造复杂、使用寿命短、限制列车速度、行车安全性低、养护维修投入大等特点，与曲线、接头并称为轨道的三大薄弱环节。

它的基本形式有道岔、交叉、道岔与交叉组合三种。常用的线路道岔有单开道岔、单式道岔和三开道岔等；交叉有直角交叉和菱形交叉；道岔与交叉的组合有交分道岔、单渡线、交叉渡线等，如图1-9所示。

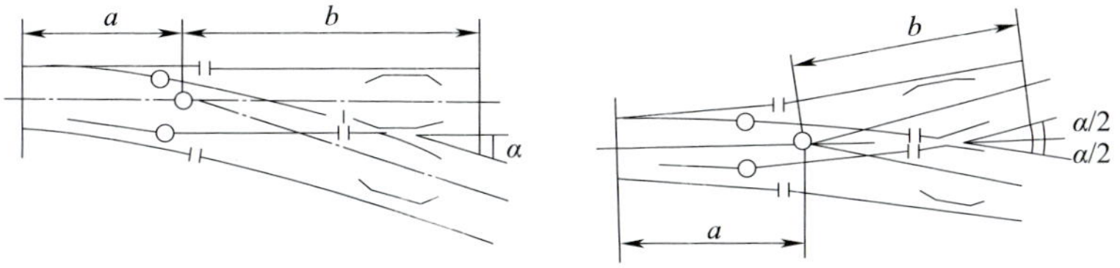

(a) 普通单开道岔　(b) 单式对称道岔

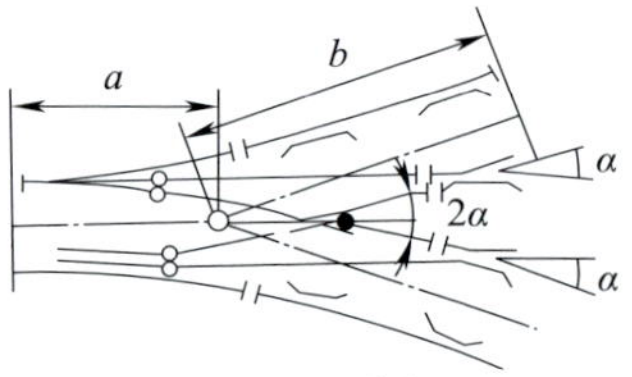

(c) 三开道岔

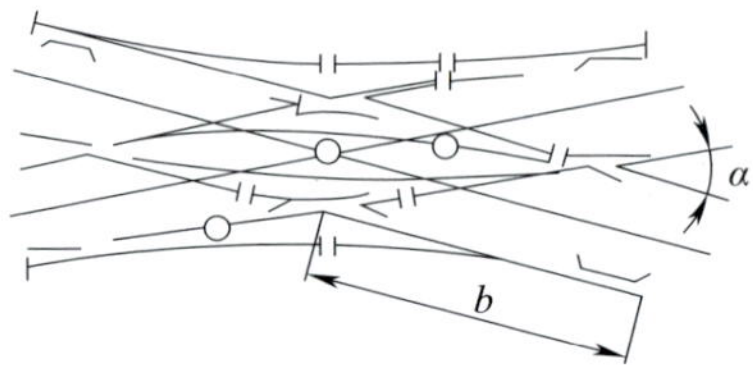

(d) 交分道岔

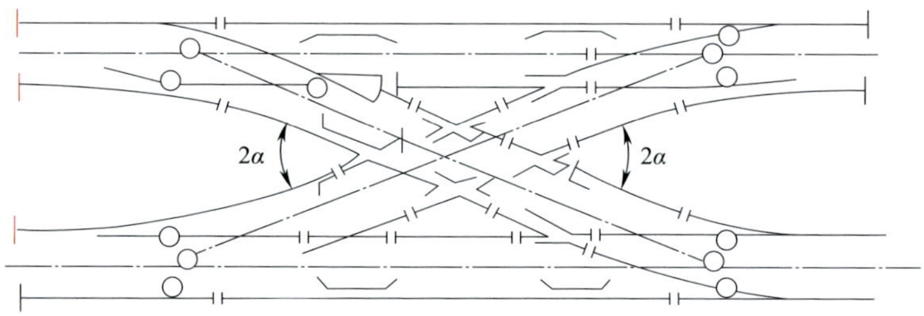

(e) 交叉渡线

a—道岔前长；b—道岔后长；α—辙叉角。

图 1-9　道岔类型

2. 单开道岔

单开道岔由转辙部分、辙叉及护轨部分、连接部分组成，如图1-10～图1-13所示，道岔中所用轨枕称为岔枕。

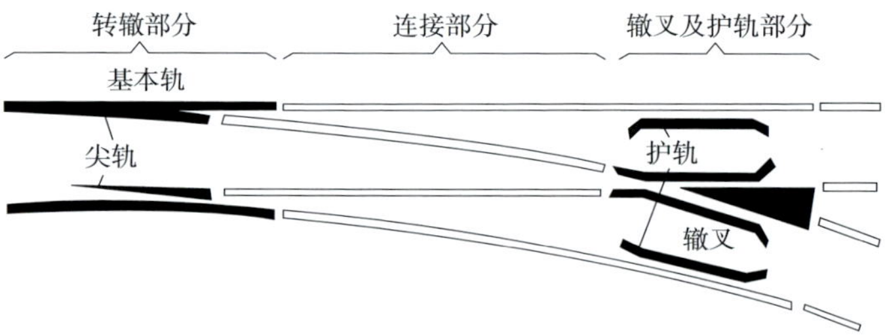

图 1-10　单开道岔组成

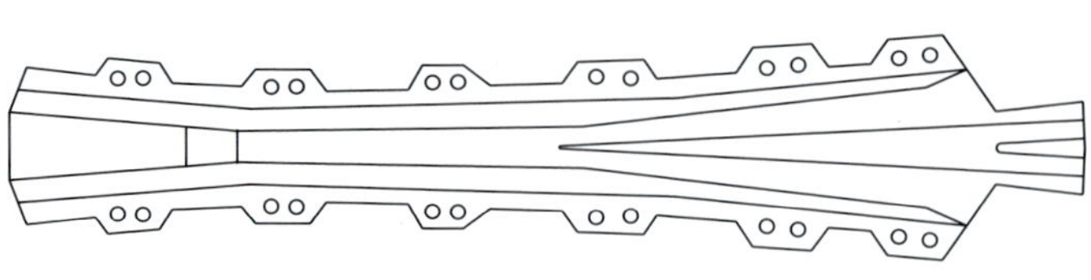

图 1-11　整铸辙叉

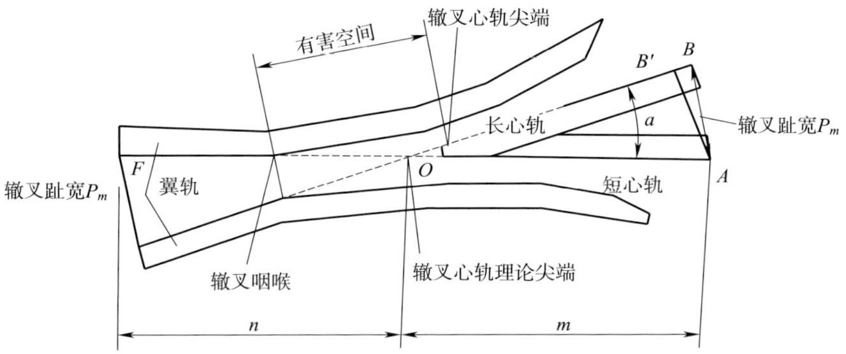

图 1-12　组合辙叉组成

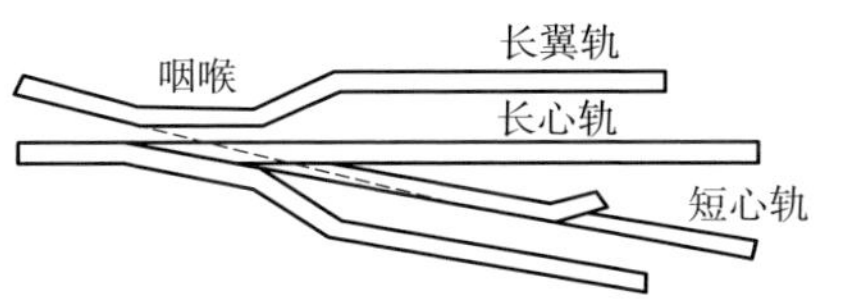

图 1-13　可动心轨结构

1.1.9　轨道加强设备

轨道加强设备包括轨撑、轨距杆和防爬设备等。

在线路曲线上安装轨撑和轨距杆，可提高钢轨横向稳定性，防止轨距扩大。在碎石地段，防爬设备分为单方向锁定和双方向锁定，其中，1对防爬器和3对支撑组成单方向锁定；2对防爬器和3对支撑组成双方向锁定。防爬设备安装在钢轨中部，接头附近2根轨枕不宜安装。防爬支撑安装在钢轨底下。

铺设混凝土枕线路，采用弹条扣件时，不安装轨距杆或轨撑。对铺设木枕线路，正线半径800 m及以下和站线半径450 m及以下的曲线，按《普速铁路线路修理规则》规定安装轨距杆或轨撑。

曲线地段应按一定条件安装轨距杆或轨撑；铺设木枕且采用道钉联结的正线、到发线上的线路和道岔应安装防爬设备；铺设混凝土枕的线路、道岔，采用弹条扣件时，可不安装防爬设备。防爬器安装数量和方式详见

《普速铁路线路修理规则》。

1.2 轨道几何形位

轨道几何形位是指轨道的几何形状、相对位置和基本尺寸。从线路平面上看，轨道由直线和曲线组成，曲线包括圆曲线和圆曲线两端连接直线和圆曲线的缓和曲线。从线路纵断面上看，轨道几何形位包括坡度、竖曲线等设置。从横断面上看，轨道几何形位包括轨距、水平、轨底坡等要素，曲线轨道还有外轨超高、缓和曲线和轨距加宽等特殊的几何形位要求。

保证轨道有正确的几何形位，是列车安全行驶的首要条件。当实际的轨道几何形位和设计的轨道几何形位存在偏差时，就产生了轨道不平顺。

1.2.1 轨道几何形位基本要素

1. 轨距

轨距是指两股钢轨头部内侧轨顶面以下16 mm范围内两作用边之间的最小距离。直线地段轨距应设置为1 435 mm，曲线和道岔上按规定设置轨距加宽。轨道动态检测轨距为钢轨头部内侧轨顶面以下16 mm处的测量距离。

世界各国铁路由于历史原因，采用各种不同的轨距标准，分为标准轨距、宽轨距和窄轨距三种。标准轨距尺寸为1 435 mm，目前，美国、加拿大、墨西哥、欧洲等大部分，以及亚洲、非洲的部分国家均采用标准轨距。轨距大于标准轨距1 435 mm的称为宽轨距，主要用于俄罗斯、印度、澳大利亚、蒙古等国家。轨距小于标准轨距1 435 mm的称为窄轨距，窄轨距主要用于工矿企业铁路。

轨距可用专用的道尺、轨道检查仪等静态方式测量，也使用轨道检车进行动态检测，我国各级各类铁路线路轨道轨距铺设精度需满足表1-4标准。轨距变化应缓和平顺，在短距离内如有显著的轨距变化即使不超过允许误差，也会使车辆发生剧烈的摇摆。其变化率，正线、到发线不应超过2‰（规定递减部分除外），站线和专用线不得超过3‰，即在1 m长度内的轨距变化值，正线、到发线不得超过2 mm，站线和专用线不得超过3 mm。

表 1-4　线路轨道平顺度铺设精度标准　　mm

<table>
<tr><th rowspan="2">速度 / (km · h^{-1})</th><th colspan="2">高低</th><th colspan="2">轨向</th><th colspan="2">水平</th><th colspan="2">轨距</th><th colspan="2">扭曲</th></tr>
<tr><th>有砟</th><th>无砟</th><th>有砟</th><th>无砟</th><th>有砟</th><th>无砟</th><th>有砟</th><th>无砟</th><th>有砟</th><th>无砟</th></tr>
<tr><td>正线200 km/h＜v_{max}≤350 km/h</td><td colspan="2">2</td><td colspan="2">2</td><td colspan="2">2</td><td>±2</td><td>±1</td><td colspan="2">2</td></tr>
<tr><td>正线160 km/h＜v_{max}≤200 km/h</td><td>3</td><td>2</td><td>3</td><td>2</td><td>3</td><td>2</td><td>±2</td><td>±2</td><td colspan="2">2</td></tr>
<tr><td>正线120 km/h＜v_{max}≤160 km/h</td><td colspan="2">4</td><td colspan="2">4</td><td colspan="2">4</td><td>+4
−2</td><td>±2</td><td>3</td><td>2</td></tr>
<tr><td>正线和到发线v_{max}≤120 km/h</td><td colspan="2">4</td><td colspan="2">4</td><td colspan="2">4</td><td>+6
−2</td><td>+3
−2</td><td colspan="2">3</td></tr>
<tr><td>其他站线</td><td colspan="2">5</td><td colspan="2">5</td><td colspan="2">5</td><td colspan="2">+6，−2</td><td colspan="2">4</td></tr>
</table>

2. 水平

指轨道同一横截面上左右两轨顶面的相对高差，不含曲线上设计超高或缓和曲线顺坡量。直线轨道两股钢轨顶面应保持同一水平；曲线地段应按相关要求和标准合理地设计满足外轨均匀和平顺的超高。直线两股钢轨顶面的水平偏差值应符合相应的标准要求，并且沿线路方向的变化率不能太大，否则即使两股钢轨的水平偏差都不超过允许范围，也可能引起机车车辆的剧烈摇晃。

轨道实际上存在二种性质不同的钢轨水平偏差，其对行车的危害程度也不相同。一种偏差称为水平差，另一种称为三角坑（或称扭曲）。

水平差是指在一段规定的距离内，一股钢轨的顶面始终比另一股高，高差值超过容许偏差值。

两股钢轨如果不在同一水平面上，先是右股高出左股h_1，然后左股又高出右股h_2，如图1-14所示，正线上h_1+h_2大于表列水平差允许值，且水平差最大两点间距L不大于18 m而形成的病害，称为三角坑。

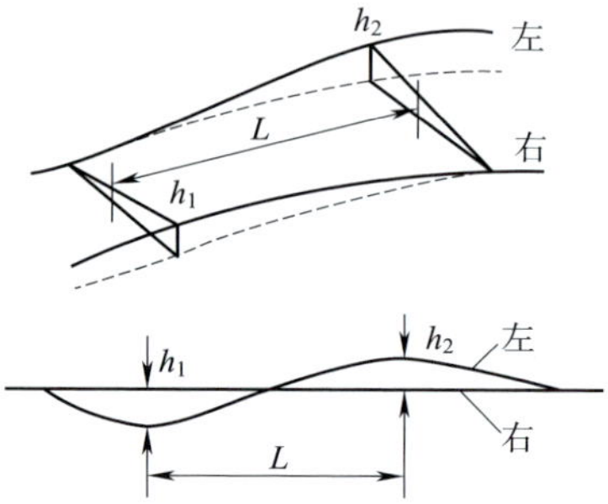

图 1-14　三角坑

线路静态检查时三角坑包含于水平检查中，依据三角坑管理的基长（采用轨道检查仪时为3 m；采用轨距尺时为6.25 m，但在18 m的距离内不应出现超过规定管理值的三角坑），计算与基长相对应测点间的水平变化率，即为线路扭曲率。

3. 高低

高低指钢轨顶面垂直于轨道延伸方向，偏离钢轨顶面名义位置的偏差，分左、右高低不平顺。它是由线路施工和大修作业的高程偏差、桥梁挠曲变形、轨道垂向刚度不一致、道床和路基的不均匀残余变形或沉降不均匀、轨道各部件间的间隙不相等、存在暗坑吊板等造成的。

高低可用弦线、轨检小车和轨检车测得。

轨道高低不平顺，会引起轮轨间的振动和冲击，产生附加动力。这种动力作用加速了道床变形，进而扩大了不平顺，加剧了轮轨的动力作用，形成恶性循环。

4. 轨向

轨向指钢轨内侧轨距点垂直于轨道延伸方向，偏离轨距点名义位置的偏差，分左、右轨向，轨向也称作方向。通常由铺轨施工和大修作业的轨道中心线定位偏差、轨排横向残余变形积累和轨头侧面磨耗不均匀、扣件失效、轨道横向弹性不一致等原因造成。

无缝线路地段的轨道方向不良，有可能在锁定轨温不准确的高温季节引发胀轨跑道事件，严重威胁行车安全。

轨向可用弦线、轨检小车和轨检车测得。

轨道检测时用左轨向和右轨向分别表示左股和右股钢轨的轨距点处的横摆偏差。

5. 轨底坡

车轮踏面和钢轨顶面主要接触部分是1∶20的斜坡，为使钢轨轴心受力，钢轨不应竖直铺设，要适当地向内倾斜。如果钢轨保持竖直，车轮的压力将离开钢轨的中心线而偏向道心一侧，且略向外斜，其结果将使钢轨头部磨耗不均，腰部弯曲，在轨头与轨腰连接处发生纵裂，甚至折损。

钢轨底面对轨枕顶面的倾斜度称为钢轨的轨底坡（也叫内倾度）。设置轨底坡的目的，是为了使车轮压力更集中于钢轨的中轴线，减少荷载的偏心距，降低轨腰应力。与此同时，还可减少钢轨头部由于接触应力而产生的塑性变形，因为在轨头中部，塑性变形的积累，要较两侧部分缓慢得多。

轨底坡是否正确，可从钢轨顶面上的光带位置判定。如果光带偏向内侧，说明轨底坡不足；如果偏向外侧，则说明轨底坡过大。我国铁路上，过去轨底坡规定为1∶20，但在机车车辆的动力作用下，轨道被弹性挤开，轨枕产生挠曲和弹性压缩，加上垫板与轨枕不密贴，扣件的扣压力不足等因素影响，实际轨底被与原设轨底坡有较大的出入。另外，车轮踏面经过一段时间的磨耗后，原来1∶20的部分也接近1∶40的坡度。为此，从1965年起，把直线地段的轨底坡标准从1∶20改为1∶40。

在曲线地段的外轨设有超高，轨枕处于倾斜状态。当其倾斜到一程度时，内股钢轨中心线将偏离垂直线而外倾，这种状态对钢轨的受力极为不利。因此，在曲线地段应视其外轨超高值而加大内轨轨底坡，以保证其不向轨道外方倾斜。调整的范围见表1-5。

表 1-5 曲线内股钢轨轨底坡楔型垫板或轨枕承轨槽倾斜度

外轨超高 /mm	轨枕面最大倾斜度	垫板或承轨槽面倾斜度		
		0	1 : 20	1 : 40
0～75	1 : 20	1 : 20	0	1 : 40
80～125	1 : 12	1 : 20	1 : 30	1 : 17

6. 坡度

为实现线路纵断面上的高程变化，需设置坡度。高速铁路区间正线最大坡度不宜大于20‰，困难条件下不应大于30‰；线路所的正线坡度不宜大于15‰；困难条件下，不应大于20‰。高速铁路最小坡段长度一般条件下不应小于900 m，当高速铁路正线相邻坡段坡度差大于或等于1‰时，应设置圆曲线形竖曲线，竖曲线半径设置在15 000～30 000 m的范围内，最小竖曲线长度不得小于25 m。

7. 曲线

曲线由缓和曲线和圆曲线组成，曲线的四个特征点直缓点（ZH）、缓圆点（HY）、圆缓点（YH）、缓直点（HZ）将曲线的各部分及两端直线分开。曲线由曲线半径、曲线长度、曲线超高等要素描述。

根据车辆曲线运动的特点，曲线轨道还需设置轨距加宽、外轨超高、缓和曲线顺坡等特殊几何形位。

1.2.2 轨距加宽

1. 曲线轨距加宽

行驶中的机车车辆进入曲线轨道时，由于惯性作用仍然力图保持其原来的行驶方向，只有受到外轨的导向作用后才会沿曲线轨道行驶。为使机车车辆能顺利通过曲线，并使轮轨间的横向作用力最小，减少轮轨磨耗，在半径很小的曲线轨道上，轨距要适当加宽。加宽轨距，系将曲线轨道内轨向曲线中心方向移动，曲线外轨的位置则保持不变。

轨距加宽必须满足一定的条件，并受一定限制。在我国轨道和机车车辆条件下，曲线加宽最大15 mm，超过必要的轨距加宽值会使列车通过时作用于钢轨上的横向水平力增加。因此，曲线轨道的轨距加宽必须加以严格控制。

曲线轨道轨距不应小于直线轨道轨距，对曲线半径为295 m以上的曲线轨道，轨距仍应采用1 435 mm，无须加宽。表1-6为我国现行曲线轨道轨距加宽标准。

表 1-6　曲线轨距加宽标准

曲线半径 R	加宽值 /mm
R≥295 m	0
245 m≤R<295 m	5
195 m≤R<245 m	10
R<195 m	15

2. 道岔轨距加宽

为使机车车辆转向架顺利通过道岔，其侧线也设计轨距加宽。道岔的轨距加宽多出现在小号码道岔。目前我国小号码道岔及多数12号道岔转辙器部分曲基本轨与直线尖轨多采用直线密贴方式，在采用曲线形尖轨的情况下（直线型尖轨不存在构造加宽），与曲线密贴方式相比，形成曲股轨距的轨距加宽，称为构造加宽。道岔最大构造加宽位置及其值对道岔设计尤其是工务部门对道岔的维护有重要意义。

根据《普速铁路线路修理规则》，尖轨尖端和跟端轨距见表1-7和表1-8。

表 1-7　尖轨尖端轨距

尖轨种类	尖轨长度 /mm	轨距 /mm	附　注
直线型尖轨	＜6 250	1 453	
	6 250～7 700	1 450	
	＞7 700	1 445	
12号道岔AT型弹性可弯尖轨	—	1 437	道岔允许速度大于120 km/h时为1 435 mm
其他曲线型尖轨	—	按标准图办理	无标准图时按设计图办理

表 1-8　尖轨跟端轨距

尖轨种类	直向 /mm	侧向 /mm	附　注
直线型尖轨	1 439	1 439	
12号道岔AT型弹性可弯尖轨	1 435	1 435	尖轨轨头刨切范围内曲股轨距构造加宽除外
其他曲线型尖轨	1 435	按标准图办理	无标准图时按设计图办理

辙叉部分轨距在直、侧向均为1 435 mm，采用心轨加宽技术的辙叉应符合设计要求。允许速度不大于120 km/h道岔在尖轨尖端轨距加宽时应按不大于6‰的递减率递减至基本轨接头。道岔前端与另一道岔后端相连时，允许速度不大于120 km/h线路，尖轨尖端轨距递减率不应大于6‰。

1.2.3　曲线轨道外轨超高

1. 外轨超高的设置及方法

机车车辆在曲线上行驶时，由于惯性离心力作用，将机车车辆推向外股钢轨，加大了外股钢轨的压力，使旅客产生不适，货物移位等。因此需要把曲线外轨适当抬高，使机车车辆的自身重力产生一个向心的水平分力，以抵消惯性离心力，达到内外两股钢轨受力均匀和垂直磨耗均等，满足旅客舒适感，提高线路的稳定性和安全性。

外轨超高度是指曲线外轨顶面与内轨顶面水平高度之差。在设置外轨超高时，主要有外轨提高法和线路中心高度不变法两种方法。外轨提高法使用较普遍，线路中心高度不变法仅在建筑限界受到限制时才采用。

2. 外轨超高的计算

当抬高外轨使车体倾斜时，轨道对车辆的反力和车体重力的合力形成向心力，如图1-15所示。

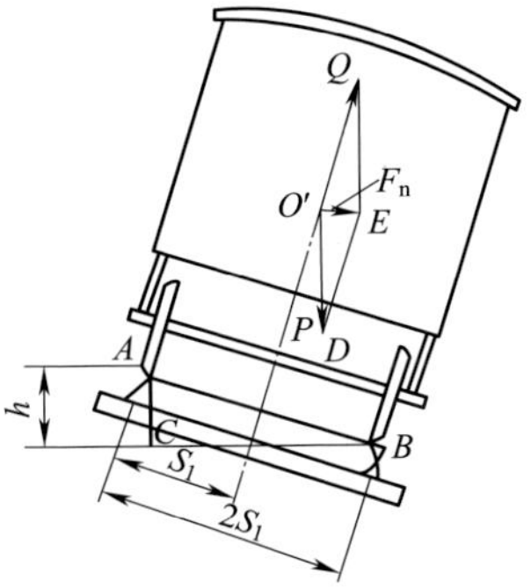

图 1-15 曲线外轨超高计算

由图1-15可知，$\triangle ABC \sim \triangle EDO$，由于轨道倾斜角度很小，从工程实际出发，可取$CB \approx AB = S_1$，则

$$\frac{F_n}{P} = \frac{h}{S_1} \tag{1-1}$$

车体做曲线运动产生的离心力为

$$J = \frac{Pv^2}{gR} \tag{1-2}$$

为使外轨超高度与行车速度相适应，保证内外轨两股钢轨受力相等，可得

$$h = \frac{S_1 v^2}{gR} \tag{1-3}$$

取S_1=1 500 mm，g=9.8 m/s^2，代入式（1-3）并变换量纲单位得

$$h = 11.8\frac{v^2}{R}(\text{mm}) \tag{1-4}$$

实际上，通过曲线的各次列车，其速度不可能都是相同的。因此，上式中的列车速度v应当采用各次列车的平均速度v_p，即

$$h = 11.8\frac{v_P^2}{R}\ (\text{mm}) \tag{1-5}$$

3. 未被平衡的加速度、欠超高和过超高

在任何一段曲线轨道上，一旦外轨超高按平均速度计算确定并设置后，便成为固定设施，但由于列车通过的实际行驶速度，或大于平均速度，或小于平均速度，使外轨超高与行车速度不相适应，因而不可能避免地产生未被平衡的离心加速度。

（1）未被平衡的加速度

当列车以速度v（km/h）通过半径为R（m）、外轨超高为h（mm）的曲线轨道时，由于离心力而产生的离心加速度为$\frac{v^2}{R}$，由于外轨超高而产生的向心加速度为$\frac{gh}{S_1}$，则由于列车通过速度v与外轨超高不相适应而产生的未被平衡的离心加速度a为

$$a = \frac{v^2}{R} - \frac{gh}{S_1} \tag{1-6}$$

当$v=v_p$时，$\frac{v^2}{R}=\frac{gh}{S_1}$，$a=0$，说明列车通过时无未被平衡的加速度。

当$v>v_p$时，$a>0$，说明列车通过时有未被平衡加速度，其值为$\frac{v^2}{R}-\frac{gh}{S_1}$。

当$v<v_p$时，$a<0$，说明列车通过时有未被平衡加速度，其值为$\frac{gh}{S_1}-\frac{v^2}{R}$。

未被平衡的离心加速度不宜太大，否则，不仅影响列车行驶平稳，使旅客感觉不适。在高速行车条件下，还可使车辆丧失稳定，危及行车安全。因此，必须规定一个合理的未被平衡的离心加速度容许值a_0，令v_{max}为通过列车的最高行车速度，则

$$\frac{v_{max}^2}{R} - \frac{gh}{S_1} < a_0 \tag{1-7}$$

将g和S_1的值代入，得

$$11.8\frac{v_{max}^2}{R}-h\leqslant 153a_0 \tag{1-8}$$

（2）未被平衡的超高

未被平衡的离心加速度是由未被平衡的超高引起的，未被平衡的超高Δh是未被平衡的离心加速度的另一种表达方式，其表达式为

$$\Delta h=h\frac{S_1v^2}{gR}=h-11.8\frac{v^2}{R} \tag{1-9}$$

式中：h——实设超高；

v——列车通过曲线的实际速度。

当$v>v_p$时，$\Delta h<0$，这种未被平衡的超高称为欠超高，用h_Q表示；当$v<v_p$时，$\Delta h>0$，这种未被平衡的超高称为过超高，用h_G表示。

由式（1-8）和式（1-9）可得：

$$h_{Gmax}=153a_{max} \tag{1-10}$$

式中 a_{max}——未被平衡的最大离心加速度。

根据我国铁路实践经验，未被平衡的离心加速度的容许值[a]为0.4～0.5 m/s^2，困难情况下为0.6 m/s^2。

我国《普速铁路线路修理规则》规定，未被平衡欠超高不应大于75 mm，困难情况下不应大于90 mm；未被平衡过超高不应大于30 mm，困难情况下不应大于50 mm，允许速度大于160 km/h线路个别特殊情况下不应大于70 mm。

《高速铁路线路维修规则》规定，客运专线未被平衡欠超高一般不大于40 mm，困难条件下不大于60 mm，其中，250 km/h客运专线半径为3 500 m的曲线欠超高不大于65 mm；过超高不大于70 mm。

1.2.4 缓和曲线

1. 缓和曲线的几何特征

在直线与圆曲线轨道之间设置一段曲率半径逐渐变化的曲线，称为缓和曲线。设置缓和曲线的目的是使未被平衡的离心力平稳变化，超高和轨距加宽逐渐变化，保持列车曲线运行的平稳性。当缓和曲线连接设有轨距加宽和外轨超高的圆曲线时，缓和曲线的轨距和超高是呈线性变化的。缓和曲线几何特征如下：

（1）缓和曲线连接直线和半径为R的圆曲线，其曲率由0～1/R逐渐变化。

（2）缓和曲线的外轨超高，由直线上的零值逐渐增至圆曲线的超高度，与圆曲线超高相连接。

（3）缓和曲线连接半径小于295 m的圆曲线时，在整个缓和曲线长度内，轨距加宽呈线性递增，由零增至圆曲线加宽值。

2. 常用缓和曲线

在缓和曲线的起始点，超高和曲率的变化在理论上是不连续的，因而作用在车体上的力有突变。图1-16所示为一段缓和曲线，其始点和终点用ZH与HY表示。要达到设置缓和曲线的目的，根据如图所取直角坐标系，常用缓和曲线的基本方程必须满足的条件为

在ZH点：

$$c=0 \tag{1-11}$$

在HY点：

$$c=C\equiv 1/R \tag{1-12}$$

在任意点：

$$c=C\frac{l}{l_0}=\frac{l}{k} \tag{1-13}$$

式中 c——缓和曲线上任意一点的曲率，等于$1/\rho$；

ρ——缓和曲线上任意一点的曲率半径；

l——缓和曲线上某一点离ZH点（或HZ点）的距离；

C——缓和曲线终点HY点（或YH点）的曲率，等于$1/R$；

l_0——缓和曲线长度；

k——常用缓和曲线特征常数，$k=Rl_0$。

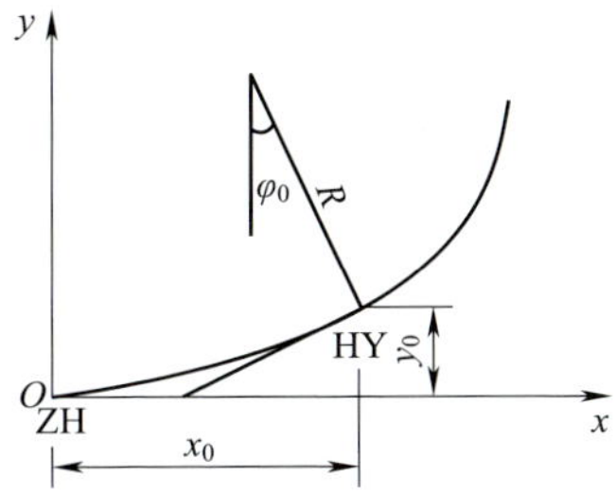

图 1-16 缓和曲线坐标

缓和曲线超高顺坡分为直线顺坡和曲线顺坡两种。常用缓和曲线的外轨超高顺坡为直线顺坡，如图1-17（a）所示。

列车经过直线顺坡缓和曲线的始点和终点时，对外轨都会产生冲击。在行车速度不高，超高顺坡相对平缓时，列车对外轨的冲击不大，可以采用直线形顺坡。当行车速度较高，为消除列车对外轨的冲击作用，应采用曲线形超高顺坡，如图1-17（b）所示。

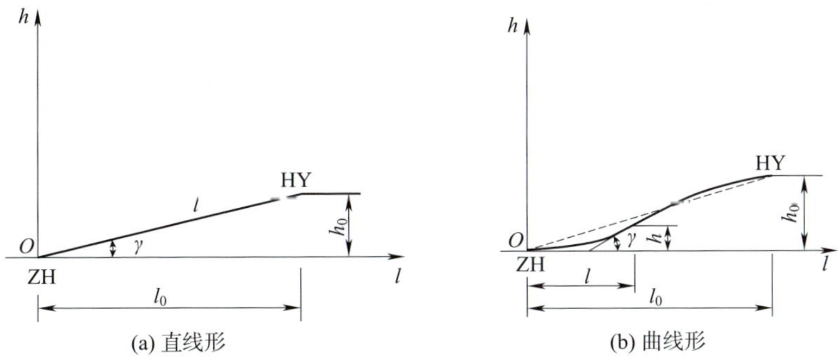

图 1-17 超高顺坡

3. 缓和曲线的长度

我国《普速铁路线路修理规则》规定，曲线超高应在整个缓和曲线内顺完，允许速度大于160 km/h线路，超高必须在整个缓和曲线内顺完；允许速度大于120 km/h线路，顺坡坡度不应大于1/（$10v_{max}$）；允许速度不大于120 km/h线路，顺坡坡度不应大于1/（$9v_{max}$）。

我国《高速铁路线路维修规则》规定，曲线超高顺坡率，高速铁路、客货共线一般条件下不应大于1/（$10v_{max}$），困难条件下不得大于1/（$9v_{max}$）；城际铁路一般条件下不应大于1/（$10v_{max}$），困难条件下不得大于1/（$8v_{max}$）。

1.3 轨道不平顺管理

轨道不平顺是指实际轨道几何形位与设计轨道几何形位的偏差。广义而言，凡是直线轨道不平、不直，对中心线位置和轨道高度、宽度正确尺寸的偏离，曲线轨道不圆顺，偏离曲线中心线位置和正确的曲率、超高、轨距值，偏离顺坡变化尺寸等轨道几何偏差，通称轨道不平顺。

1.3.1 轨道不平顺特点及成因

轨道不平顺具有种类、性质多样性的特点，因而其分类方法也不尽相同。

按照有无轮载作用可分为静态不平顺和动态不平顺。无轮载作用时，人工或轻型测量小车测得的不平顺通常称为静态不平顺。用轨检车测得的在列车车轮荷载作用下才完全显现出的轨道不平顺通常称为动态不平顺。

按照轨道不平顺波长可分为短波、中波、长波不平顺，见表1-9。

表 1-9 轨道不平顺波长类型

种类	范围	特征
短波	数毫米至数十毫米	轨面擦伤、剥离掉块、波纹磨耗、焊缝短波
	数百毫米	波浪形磨耗

续表

种类	范围	特征
中波	2～3.5 m周期性	钢轨生产过程中形成的周期性不平顺
	12.5 m和25 m周期性	钢轨接头、焊缝处道床沉降
	3～30 m非周期性	高低、轨向、扭曲、水平、轨距不平顺
长波	30 m以上非周期性	路基、道床不均匀沉降，桥梁、隧道头尾刚度差异，单跨、多跨不等距桥梁挠曲变形
	30 m以上周期性	多跨、等距桥梁的挠曲变形，路基因素形成的长波不平顺，桥梁挠度形成的周期性不平顺

按照轨道不平顺项目分为轨道几何不平顺、钢轨表面不平顺、钢轨断面不平顺。

按照钢轨变形的方向可分为轨道垂向不平顺、横向不平顺和复合不平顺。其中，轨道垂向不平顺包括高低、水平、扭曲、轨面短波不平顺，钢轨轧制校直过程中形成的垂向周期性不平顺；轨道横向不平顺包括轨向、轨距，钢轨轧制校直过程中形成的横向周期性不平顺；复合不平顺包括轨向水平逆向复合、曲线头尾的几何偏差。

各种轨道不平顺对车辆振动、轮轨噪声、轮轨相互作用力、列车运行舒适性、安全性等都有直接影响。但不同种类的不平顺，其激扰方向，影响性质，影响程度又各不相同。

1.3.2 静态和动态轨道不平顺

静态不平顺不能如实反映暗坑、空吊板、刚度不均匀等形成的不平顺，往往只能部分反映道床路基不均匀残余变形积累形成的不平顺。静态不平顺只是真实完整的轨道不平顺在无列车轮载时，部分的、不确定的表象。

真正对行车安全，轮轨作用力，车辆振动产生实际影响的轨道不平顺是动态不平顺。因此，各国轨道不平顺的各种管理标准，尤其是安全管理标准，大多是依据动态不平顺值来制定。

研究结果表明，对于3～30 m波长范围内的动态、静态轨道不平顺的差异。

（1）通常情况下，暗坑、吊板越多，不良扣件越多，道床密实度越不均匀，差异越大。

（2）动态不平顺的幅值越大，动态、静态之间的差异也越大。

（3）新线铺轨建成后，既有铁路大修、维修作业完工时，动态、静态不平顺的差异较小，起道捣固、拨道作业的质量越好越均匀，两者的差异越小。

（4）具有高平顺性的高速铁路，动态、静态差异较一般轨道小。

（5）无砟轨道动态、静态之间的差异较小。

1.3.3 轨道不平顺对行车的影响

著名力学家铁木辛柯指出，如果没有轨道不平顺，车辆在理想的完全平直的轨道上行驶时，便不会产生振动和动作用力。行车速度即使达到每小时数百上千公里时，速度变化所引起的轨道附加动挠度仍然很小，可忽略不计。在不考虑车辆悬挂系统动力学稳定性的情况下，轮轨系统最高临界速度仅受轨道弹性变形波的传递速度限制（弹性变形波“波障”限制）。

轨道不平顺是引起列车振动、轮轨动作用力增大的主要根源。当轨道平顺性不良时，即使轨道、路基和桥梁结构在强度方面完全满足要求，在高速条件下各种轨道不平顺引起的车辆振动、轮轨噪声和轮轨动作用力将大幅度增加，使列车运行的平稳、舒适、安全性严重恶化，甚至导致列车脱轨。

轨道不平顺的激扰频率可用时间频率或空间频率表示，波长、车速、激励频率的关系为：$\lambda = v/f$。

严重的高低不平顺会引起车辆剧烈的点头和浮沉振动，使车轮大幅度减载甚至悬浮，在曲线或方向不良区段运行时，高低不平顺引起的车轮悬浮可能导致脱轨。若车轮严重减载兼受很大横向力，脱轨可能性更大。

水平不平顺会使车辆产生侧滚振动，导致一侧车轮增载，一侧减载，北美铁路专家认为，曲线上严重的水平不平顺是引起货车脱轨的重要原因。

扭曲不平顺使转向架出现三轮支承一轮减载甚至悬浮的危险情况，刚度较大的货车在曲线圆缓点区的脱轨事故大多与轨道扭曲不平顺有关，无论曲线还是直线，严重的局部扭曲不平顺都可能引起车辆剧烈的侧滚和侧摆振动，导致脱轨。

严重的轨向不平顺会引起过大的车轮、车轴横向力，可能使轨枕、扣件不良地段的钢轨倾翻或轨排横移，造成列车脱轨。过大的横向力往往导致脱轨系数增大，造成车辆爬轨掉道。

连续的轨向水平逆向复合不平顺对行车安全的威胁最大。根据日本研究，这是造成日本货车脱轨的主要原因之一，日本对复合不平顺进行严格管理后，其货车脱轨事故次数大幅度减小。

轨距偏差过大会出现车轮掉道或卡轨。我国和部分国家的传统观念认为，既使轨距尚未扩大到车轮掉道的程度，仍应避免发生车轮锥形踏面的大坡度段（1∶10）进入轨顶内侧圆弧以内，因为斜度较大的车轮踏面将使钢轨遭受额外增加的水平推力，短距离以内轨距变化剧烈，表明存在严重的轨向不平顺，影响列车安全。

在高速铁路上，列车类型单一，车辆主振频率比较单一，并且区间行车速度基本固定，这就使得轨道容易产生与车辆转向架或车体主振频率相同的周期性轨道不平顺，这种周期性轨道不平顺危害更大。单一频率的轮轨力易使轨道产生周期性不平顺。车辆/轨道相互作用系统的敏感波长和易产生的轨道周期性波长范围增加。

1.3.4 轨道不平顺评价方法

世界各国轨道状态评价管理的方法和标准各不相同，但基本思路一致，均包括局部峰值评价和区段轨道质量指数两类。轨道不平顺局部幅值评价按速度等级分级管理；轨道质量指数大多由区段轨道不平顺单项标准差计算得到，是区段内轨道不平顺的统计特性。

1. 局部峰值评价方法

轨道不平顺局部峰值评价是轨道不平顺随里程变化的极值分析方法，一般包括极值位置、峰值和偏差（曾称为超限）长度等信息。我国在偏差的基础上还引入了公里扣分的概念，同时基于扣分优良率以及三类偏差个数这些指标来评价轨道平顺状态，被铁路管理部门和工务工作者广接受。目前，我国已颁布的《高速铁路线路维修规则》和《普速铁路线路修理规则》，规定了不同线路速度等级的轨道静态、动态不平顺管理值。

（1）轨道静态不平顺管理值

在轨道静态几何不平顺管理值中，作业验收管理值为计划维修（设备大修-普速铁路）和临时补修作业后的质量检查标准；计划维修管理值为安排轨道维修计划的质量管理标准；临时补修管理值为应及时进行轨道整修的质量控制标准；限速管理值为保证列车运行平稳性和舒适性，需立即进行限速的质量控制标准。

（2）轨道动态不平顺管理值

轨道动态几何不平顺的检查项目为轨距、水平、高低、轨向、扭曲（三角坑）、复合不平顺、轨距变化率、车体垂向振动加速度和车体横向振动加速度。线路（含道岔及调节器范围）各项偏差等级同样划分为Ⅰ级为日常保持标准、Ⅱ级为计划维修标准、Ⅲ级为临时补修标准、Ⅳ级为限速标准四级。

我国在轨道动态不平顺的峰值管理中引入了偏差扣分的评价与管理方法。各项目偏差扣分标准：Ⅰ级每处扣1分，Ⅱ级每处扣5分，Ⅲ级每处扣100分，Ⅳ级每处扣301分。

基于偏差扣分的线路动态评定以千米为单位，每千米扣分总数为各级、各项偏差扣分总和。每千米线路动态评定标准：优良——总扣分在50分及以内；合格——总扣分在51～300分；失格——总扣分在300分以上。

计算公式为

$$S = \sum_{i=1}^{4} \sum_{j=1}^{7} K_i T_j C_{ij} \quad (1\text{-}14)$$

式中 S——每千米扣分总数（各级、各项偏差扣分的总和）；

K_i——各级偏差的扣分数；

T_j——各项的加权系数T_1～T_7均为1；

C_{ij}——各检查项目各级偏差个数。

2. 轨道质量指数

轨道质量指数TQI是线路轨道几何状态单元均值评价指标，为单元内左高低（波长1.5～42 m）、右高低（波长1.5～42 m）、左轨向（波长1.5～42 m）、右轨向（波长1.5～42 m）、轨距、水平、三角坑单项标准差之和，TQI单元长度为200 m。

各单项几何不平顺幅值的标准差称为单项指数，7项之和作为评价该单元区段轨道不平顺综合质量状态的轨道质量指数。

TQI计算公式为

$$\text{TQI} = \sum_{i=1}^{7} \sigma_i \quad (1\text{-}15)$$

$$\sigma_i = \sqrt{\frac{1}{n} \sum \left(x_{ij}^2 - \bar{x}_i^2 \right)} \quad (1\text{-}16)$$

式中 σ_i——各项几何偏差的标准差；

$\bar{x}_i$——各项几何偏差在单元区段中连续采样点的幅值x_{ij}的算术平均值；

n——采用点的个数（200 m单元区段中n=800）。

TQI按Ⅰ级、Ⅱ级、Ⅲ级进行管理。

Ⅰ级管理值：大型养路机械捣固维修、无砟轨道成段精调等作业的验收质量管理标准。

Ⅱ级管理值：安排轨道维修计划的质量管理标准。

Ⅲ级管理值：保持线路质量稳定均衡，超过时应及时进行维修的质量管理标准。

多年的使用经验不难发现，仅用轨道局部不平顺幅值的大小评定轨道状态和判别状态不良地点的办法是不全面的，具有一定的局限性。需通过综合考查轨道不平顺的所有幅值和波形特征，才能真实反映轨道质量的实际状态。

1.3.5 线路维修

1. 维修类型

线路维修工作的基本任务是保持轨道状态完好，保证列车以规定速度安全、平稳、舒适和不间断地运行，并尽量延长设备使用寿命。维修工作分为计划维修和临时补修。

普速铁路线路与高速铁路线路维修理念有一定差异，维修工作内容也不相同。

普速铁路线路计划维修，指根据线路及其各部件的变化规律，依据维修周期、结合设备状态评价，以大型养路机械为主要作业手段，全面调整和改善轨道空间线形线位，消除轨道结构病害，恢复道床弹性，更换失效轨枕和联结零件，调整轨道几何尺寸，消除钢轨轨头病害，达到钢轨目标廓形，以及其他各结构部件的修理等为主要内容的单项或多项修理，以恢复线路完好技术状态。

普速铁路线路临时补修，指以小型养路机械为主要作业手段，对轨道几何不平顺超过临时补修容许偏差管理值及其他不良处所进行的临时性整修，以保证行车安全和平稳。包括处理伤损钢轨（含焊缝）和失效胶接绝缘接头。更换或整治失效轨道部件，处理线路故障。

高速铁路线路计划维修，指根据线路及其部件的变化规律、特点以及轮轨匹配状态，按周期对线路设备进行的全面检查，依据设备状态评价结果，对钢轨、道岔、钢轨伸缩调节器（以下简称调节器）、扣件、轨枕、道床、无缝线路及轨道几何形位等进行单项或多项修理，以恢复线路完好技术状态。

高速铁路线路临时补修，对轨道几何不平顺超过临时补修容许偏差管理值、轨道设备伤损或轮轨匹配状态不良的钢轨等影响其正常使用的处所进行的临时性修理，以保证行车安全和平稳。

对轨道检测发现的Ⅲ级偏差处所，应及时安排临时补修；对车辆动力学指标偏差处所，应及时分析原因，安排整修；对Ⅳ级偏差处所，或Ⅲ级偏差且车辆动力学指标超限处所应立即限速。200～250 km/h线路限速不超过160 km/h，250（不含）～350 km/h线路限速不超过200 km/h。

2. 轨道几何尺寸调整

轨距和轨向调整：针对扣件类型，更换不同号码绝缘轨距块或轨距挡板，或用改道器横向挪动铸铁底板调整轨距和轨向。

高低位置调整：针对扣件类型，选用所需厚度的轨下垫板和调高垫板，或通过起道、落道作业进行高低位置调整。可通过轨道精调对轨道几何参数进行全面整治。

道岔区水平、高低应通过起道或更换不同规格调高垫板进行调整。道岔区轨距、支距通过更换不同规格调整件进行调整。轨向通过拨道及更换不同规格调整件进行调整。道岔直股方向不良时，可用弦线测量并调整；曲股方向不良时，在直股方向符合要求的基础上，通过控制支距的方法进行调整。尖轨相对于基本轨降低值偏差可通过更换不同厚度基本轨轨下橡胶垫板或滑床台，调整尖轨相对于基本轨降低值。

3. 钢轨修理

及时开展钢轨修理工作可以改善轮轨匹配关系，延长钢轨使用寿命，预防和整治钢轨病害。针对钢轨短波不平顺的修理手段主要有钢轨打磨和换轨两类。

钢轨打磨包括：大机打磨、人工小机打磨、铣磨等，对于一般程度的钢轨轨面伤损，主要采用钢轨打磨的方式修理。

钢轨打磨分为预打磨、预防性打磨和修理性打磨。

预打磨是对铺设上道后新钢轨的打磨，去除脱碳层，消除焊缝不平顺和运输、施工中产生的初始缺陷。

预防性打磨是对钢轨进行的周期性打磨，按目标廓形打磨钢轨，消除已产生的表面裂纹，减缓曲线钢轨侧面磨耗，预防产生波形磨耗、剥离掉块、肥边等病害，延缓滚动接触疲劳裂纹产生和发展。

修理性打磨（或铣磨）是对已产生病害钢轨进行修理，减缓波形磨耗，消除钢轨表面的擦伤、肥边和表面裂纹等病害。

打（铣）磨列车对成段钢轨或整组道岔进行修理；小型钢轨打磨机对焊缝、道岔打磨列车打磨受限区等进行打磨修理，并做好廓形平顺连接。

第2章 轨道几何检测系统

2.1 系统检测项目

系统检测项目包括轨距、左轨向、右轨向、左高低、右高低、超高、水平、三角坑、轨距变化率、曲率、复合不平顺、车体横向和垂向振动加速度、速度、里程。

2.2 系统架构

GJ-6A型轨道几何检测系统主要由激光摄像组件、惯性测量组件、信号处理组件、数据处理组件、机械悬挂装置等五部分组成，如图2-1所示。信号处理组件包括模拟信号处理组件和数字信号处理组件两部分，数据处理组件由超限检测计算机、数据应用计算机、网络打印机、交换机等组成，即车载微机局域网系统。

轨道几何检测系统采用惯性测量原理、捷联式结构和非接触测量方法，应用图像处理技术、陀螺平台、数字滤波以及计算机实时数据处理等高新技术，解决不同运行速度和不同运行方向检测结果准确性和一致性的问题。能够选择不同截止波长的空间曲线或不同弦长的弦测结果输出轨道不平顺。轨道几何状态参数实时合成后通过网络传输给数据应用计算机，由该计算机将轨道几何参数及超限数据存放到数据库中，同时显示轨道几何波形，或显示超限数据并可对超限数据进行编辑。最后，可由网络打印机打印出轨道几何参数的超限数据报表或波形图。

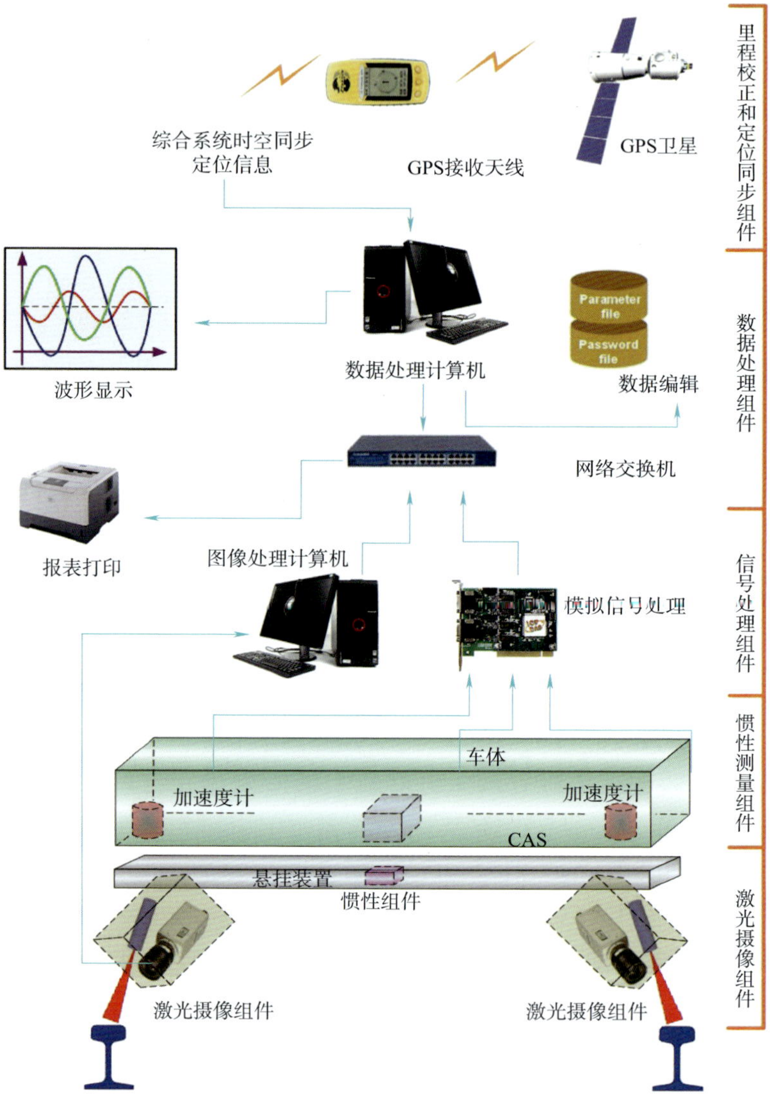

图 2-1　轨道几何检测系统构成

2.2.1 激光摄像组件

激光摄像组件主要包含激光器、摄像机、温控系统、光学系统等关键部件，如图2-2所示。

通过对视觉图像的处理，得到钢轨相对于测量坐标系的横向位移，横向位移是测量轨距、轨向的重要分量。

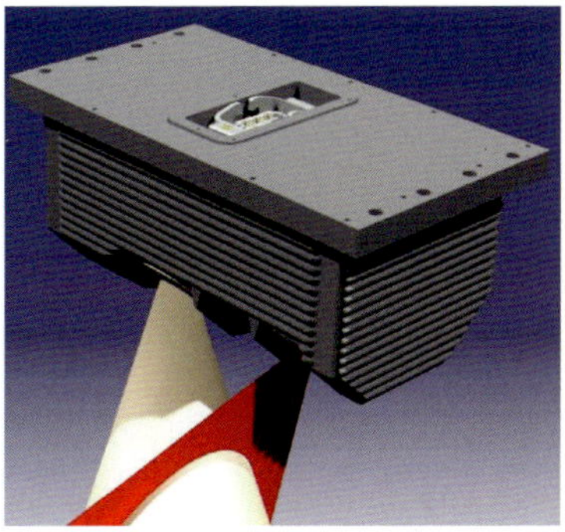

图 2-2 激光摄像组件

2.2.2 惯性测量组件

惯性测量组件主要由陀螺平台（CAS）、左高低加速度计（LACC）、右高低加速度计（RACC）、轨向加速度计（ALGN）等惯性器件组合而成。陀螺平台由倾角计（INCL）、摇头陀螺（YAW）、侧滚陀螺（ROLL）组成。安装位置如图2-3所示。

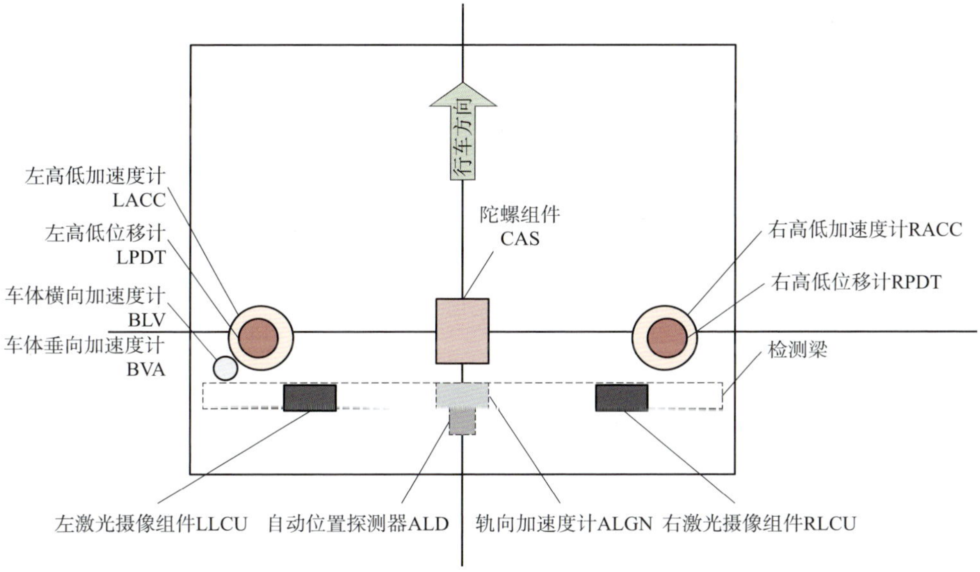

图 2-3 传感器安装位置示意

惯性测量组件主要功能是采集检测梁和车体滚动和摇头角速度、倾角、垂向和横向加速度，用于建立轨道检测的惯性基准，满足轨向、高低、水平（超高）、三角坑、曲率等参数的测量要求。

2.2.3 信号处理组件

信号处理组件主要由信号转接及监视装置（Patch-Panel）、信号处理装置（SCU）、和一台数字滤波计算机组成。信号处理装置如图2-4所示。

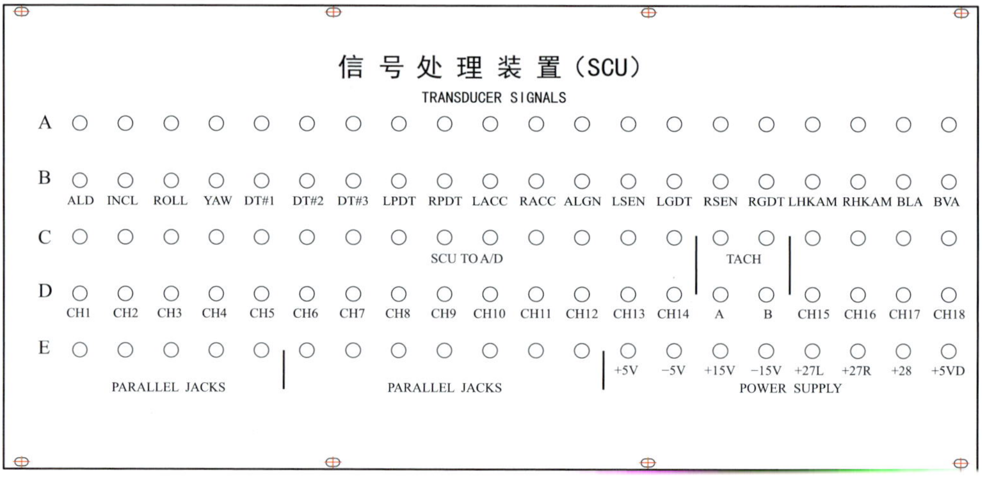

图 2-4 信号处理装置

信号处理组件主要功能包括：

（1）对惯性测量部件输出的信号进行滤波、补偿、修正、合成计算，输出轨道几何参数，包括轨距、左右高低、左右轨向、水平（超高）、三角坑、曲率、曲线半径。

（2）产生同步信号。

（3）检测线路标志，包括道口、道岔、桥梁、曲线拉杆等。

（4）检测车体横向和垂向加速度。

（5）实时计算速度、里程。

2.2.4 数据处理组件

数据处理组件是由数据库服务器、实时处理计算机、数据应用计算机、网络打印机、交换机等设备组成车载局域网系统。车载局域网系统组成如图2-5所示。

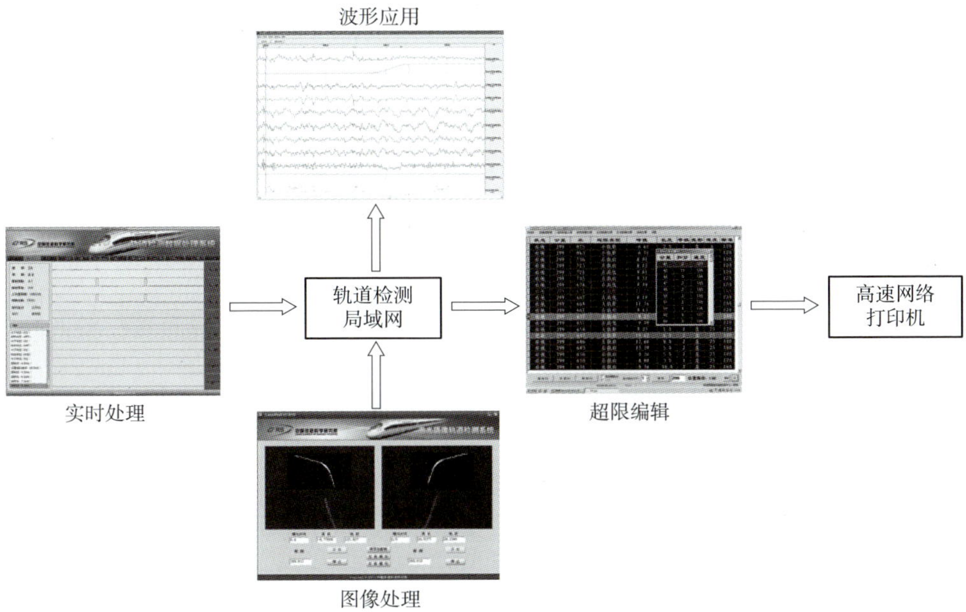

图 2-5　车载局域网系统

实时处理计算机安装QNX实时多任务操作系统，运行轨道检测实时数据处理软件，实现了传感器原始信号的实时采集和处理，自动完成数据的修正、滤波和轨道几何参数的合成，实时显示几何参数波形图和里程、速度等信息。该计算机上装有多功能接口板和A/D变换板，多功能接口板主要用于接收距离脉冲信号，通过振荡器和计数器计算出采样的间隔时间，产生采样中断信号，触发A/D对所有传感器进行一次数据采集。

数据库服务器是数据存储和分析的核心。通过一种平台数据通信软件，实时处理计算机将轨道几何参数传输到安装Windows操作系统的数据库服务器。数据库管理系统支持Client/Server模式，用于管理轨道检测数据。

超限编辑计算机对超限数据进行编辑并根据用户需要输出各种报表。

数据应用计算机可以运行超限数据浏览和波形超限浏览、波形打印、超限打印等应用程序。

2.2.5 机械悬挂装置

包括用于安装激光摄像组件及部分惯性器件的检测梁、将检测梁固定于构架的连接件等部件。目前主要有六种形式，如图2-6～图2-11所示。

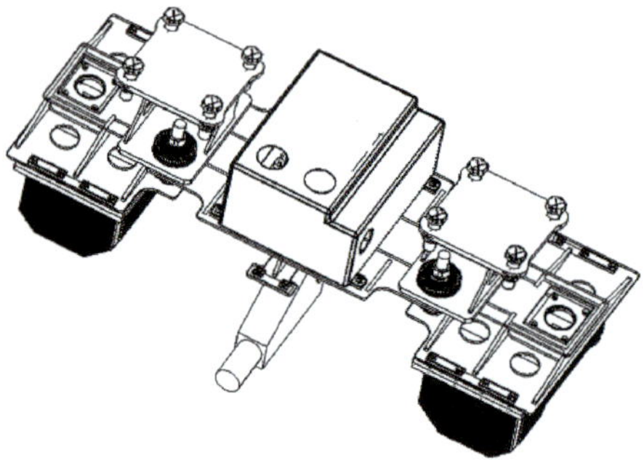

图 2-6　2150、0201、0202、0203 机械悬挂装置示意

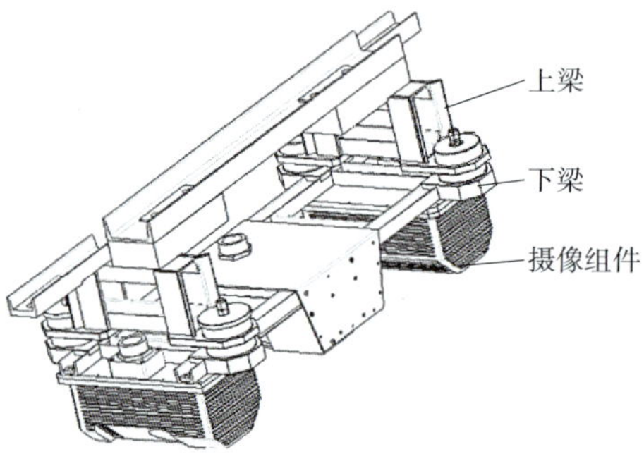

图 2-7　2010、2061、2068 机械悬挂装置示意

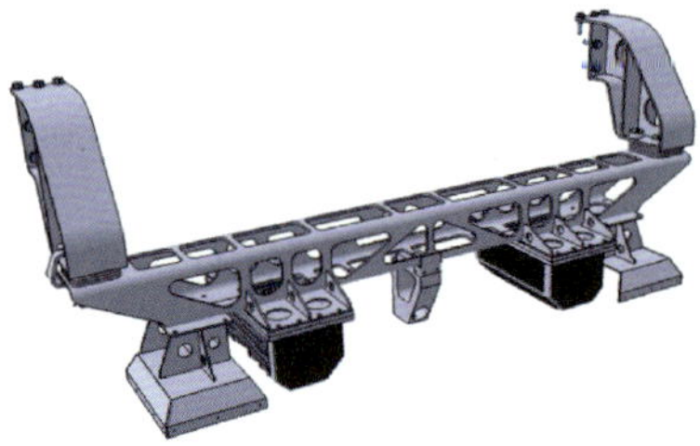

图 2-8　0301 机械悬挂装置示意

图 2-9　0501 机械悬挂装置示意

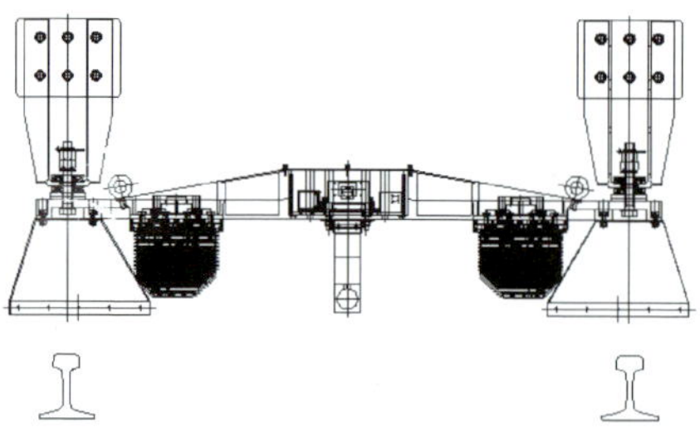

图 2-10　946 机械悬挂装置示意

图 2-11　799 机械悬挂装置示意

2.3 硬件构成

2.3.1 机柜布置

GJ-6A型轨道几何检测系统配置有两个电气柜，主要由信号处理装置、示波器、信号发生器、系统电源等单元构成，机柜内布置及走线示意如图2-12所示。因各车检测系统安装时间不同，实际布线会与图2-12有差异。

机柜内各装机设备主要用途见表2-1。

表 2-1 机柜设备说明

设备编号	设备名称	设备用途
1	轨检服务器	接收QNX计算机的数据，并对超限数据库及波形进行处理、显示、编辑、记录等
2	示波器	对信号进行跟踪显示
3	轨距计算机	采集左侧、右侧单边轨距
4	轨检波形机	用于波形显示、超限编辑等
5	KVM	用于多台计算机I/O设备的切换
6	网络交换机	网络信息传输
7	激光摄像电源	为车下激光器、摄像机提供电源
8	空间同步单元	用于编码器脉冲信号的分频
9	信号发生器	模拟产生各种典型信号
10	实时处理计算机	接收传感器信号，加工处理后发送给轨检服务器
11	SCU机箱	对各种传感器信号进行滤波放大
12	系统电源机箱	为各传感器提供电源
13	惯性包	由摇头陀螺、滚动陀螺及倾角仪组成

2.3.2 传感器布置

GJ-6A型轨道几何检测系统的传感器车上车下均有分布。其中，检测梁安装于转向架上，检测梁上安装ALD、轨向加速度计、左激光摄像组件、右激光摄像组件。车体底部安装有高低加速度计、拉弦位移计等。车内安

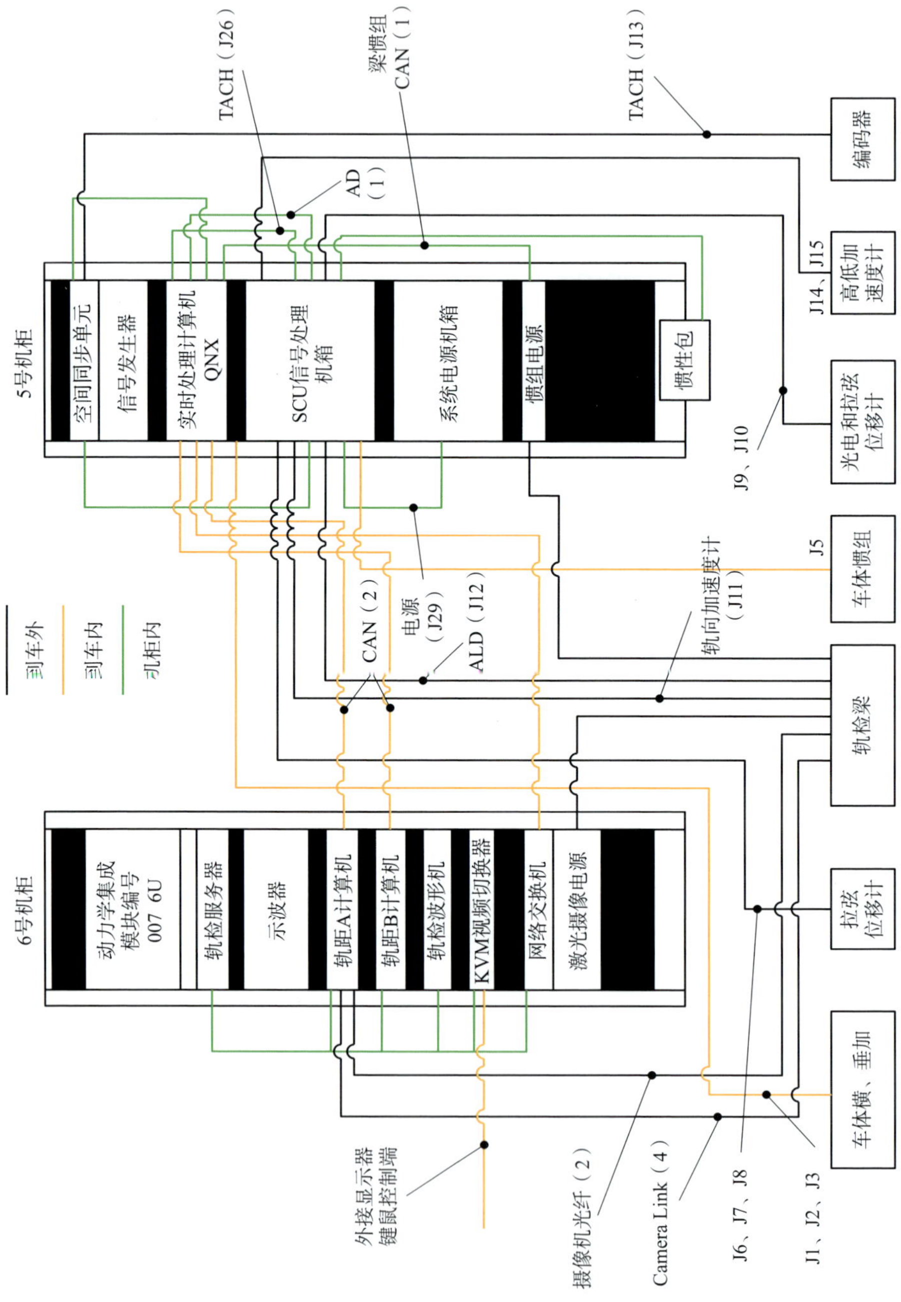

图 2-12　轨检系统设备布置

装有车体横向加速度计、车体垂向加速度计、惯性包等。主要传感器及用途见表2-2。

表 2-2　传感器

序　号	代　号	名　称	用　途
1	BLA	车体横向加速度计	测量车体水平加速度
2	BVA	车体垂向加速度计	测量车体垂直加速度
3	CAS ROLL	滚动陀螺	测量车体滚动角速率
4	CAS YAW	摇头陀螺	测量车体摇头角速率
5	CAS INCL	倾角计	测量车体倾斜角度
6	LPDT	左高低位移计	测量车体相对于左轮轴的位移
7	LACC	左高低加速度计	测量车体底板左侧加速度
8	RPDT	右高低位移计	测量车体相对于右轮轴的位移
9	RACC	右高低加速度计	测量车体底板右侧加速度
10	ALD	地面标志传感器	检测地面金属物
11	TACH	光电编码器	测量车体速度及里程信息
12	ALGN	轨向加速度计	测量检测梁横向加速度
13	LLCU	左激光摄像组件	测量左轨距、左轨向
14	RLCU	右激光摄像组件	测量右轨距、右轨向

2.3.3　接线布置

GJ-6A型轨道几何检测系统的基本工作原理如下：

各种传感器将需要检测的位移、速度、加速度等物理量转换为相应的电模拟信号，通过信号转接及监视装置输入到信号处理装置。

信号处理装置将信号放大和模拟滤波处理后再经过信号转接装置输入到QNX实时处理计算机。左右单边轨距通过图像采集计算机采集后，首先经过D/A转换变为模拟信号，然后与其他传感器输出的模拟信号同步输入到QNX实时处理计算机。QNX实时处理计算机对输入的模拟信号进行A/D转换、数字滤波、修正以及补偿处理，然后经过综合运算，得到所需的轨道几何参数。然后通过数据传输软件将得到的轨道几何数据传送给轨检服务器进行波形显示和超限编辑。并可通过打印机输出轨道几何参数的波形及超限数据报表。具体内容如图2-13所示。

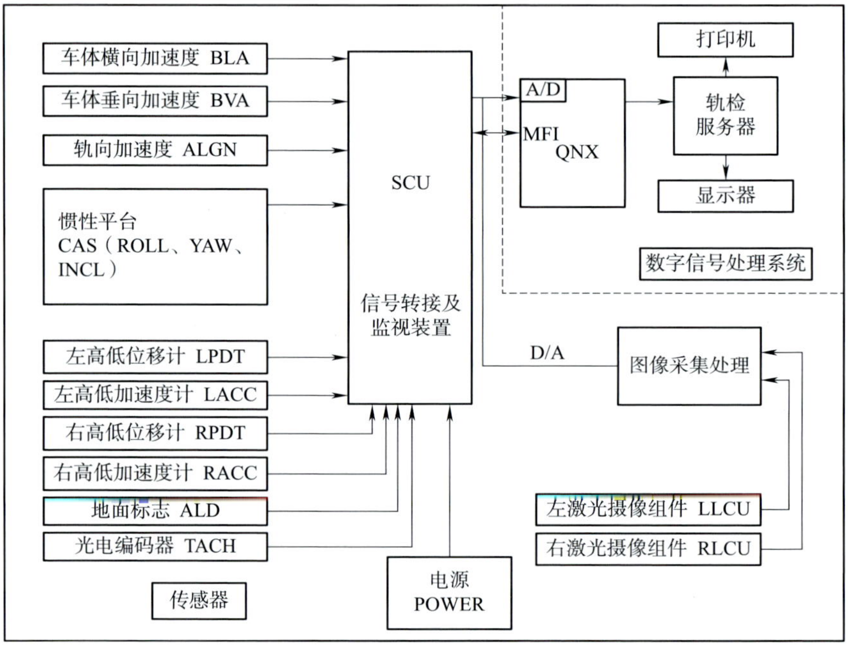

图 2-13　GJ-6A 型轨道几何检测系统接线布置

2.4　软件组成

2.4.1　实时处理软件

实时采集处理计算机使用QNX操作系统，安装实时采集处理软件（GJ），软件安装及配置详见《GJ软件安装部署说明》。

实时处理软件（GJ）的主要功能为：采集传感器信号，数字信号滤波，轨道几何参数合成，实时波形显示，超限判别，原始信号存盘。此外，有参数设置和实时信息显示功能。

2.4.2 图像处理软件

轨距计算机安装有轨道几何激光摄像图像处理软件（LaserRail），软件安装及配置详见《轨廓图像处理机作业指导书》。

图像处理软件（LaserRail）的主要功能包括图像采集、轨距点和高低点定位；相对位移计算。另外还能实时显示曝光时间、帧频及轨距（高低）数据，修改配置文件。

2.4.3 数据服务软件

轨检服务器使用数据库管理系统，安装数据服务软件（RTech），主要功能是接收数据并存盘，接收的数据包括波形数据、超限数据、曲线数据、TQI数据。波形数据保存在geo数据文件中，其他数据添加到数据库中。

2.4.4 轨道检测数据集成处理软件

轨道检测数据集成处理软件（TIDPS），可安装在轨检服务器或数据分析机中。TIDPS软件安装及配置详见《检测服务器安装手册》。

TIDPS的主要功能包括数据编辑、波形查看、波形联动、超限管理、区段汇总及报表打印。

2.5 检测原理简介

轨道几何检测系统的基本工作原理，使用激光摄像组件测量钢轨相对于检测梁的横向和纵向位移；使用加速度计、陀螺、位移计等多种传感器测量车体和检测梁的姿态变化。

将需要检测的位移、速度、加速度等等的物理量转换为相应的电模拟信号，通过信号转接及监视单元输入到信号处理单元。信号处理单元将信号放大和模拟滤波处理后再经过信号转接及监视单元输入到数据采集和处理计算机。

该计算机对输入模拟信号进行A/D模数转换、存储、数字滤波、修正以及补偿处理，然后经过综合运算，合成得到所需轨道几何参数，并在其显示器上实时显示轨道几何波形图。

2.5.1 轨　　距

轨距采用机器视觉测量方式（俗称“激光摄像式”），激光器和摄像机组成一个整体组件，线光源垂直于钢轨纵向中心线，摄像机以一定的角度摄取在结构光照射下的钢轨图像，如图2-14所示。

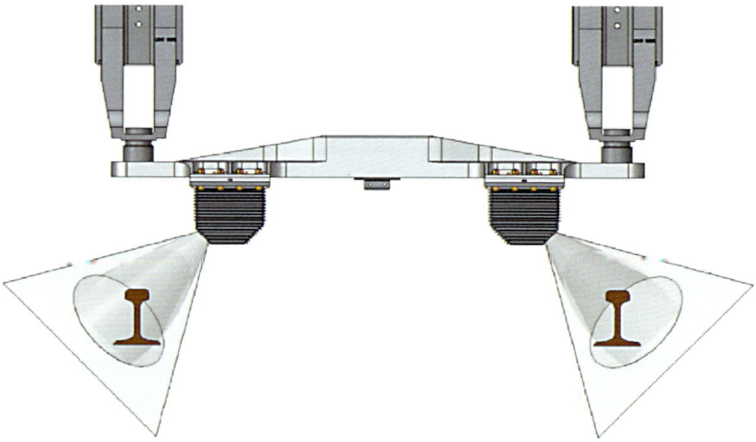

图 2-14　激光摄像式轨距测量结构

机器视觉测量系统通过图像采集、图像处理、特征提取后，得到钢轨轮廓线的骨架图像，根据摄像系统标定得出的一组标定参数，结合钢轨轮廓图像进行像素坐标-物理坐标的坐标变换。在激光摄像装置对图像进行处理获取单边轨距位移后，传输到实时处理计算机中进行轨距合成。

通过对视觉图像的处理，得到钢轨轮廓，进而得到钢轨相对于测量坐标系的横向位移，即单边轨距。由左右两侧单边轨距可以合成轨距值。图像处理过程如图2-15所示。

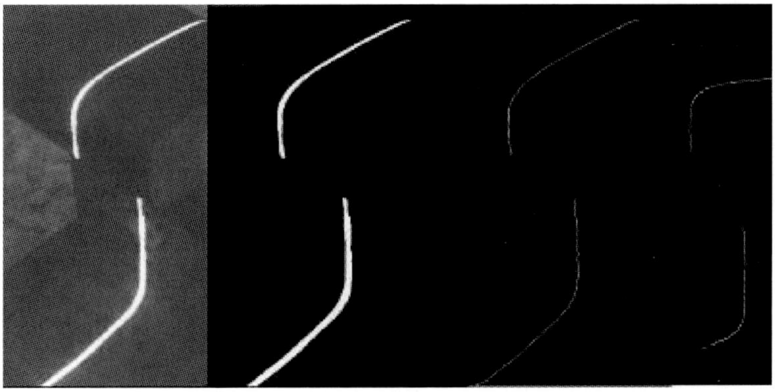

图 2-15 钢轨断面图像处理过程

2.5.2 曲　　率

曲率指轨道的弯曲程度，可用轨道中心线在单位长度内转动的角度来表示。在理想的直线地段曲率为0，在半径为R的曲线上曲率为$1/R$。曲率描述方式如图2-16所示。

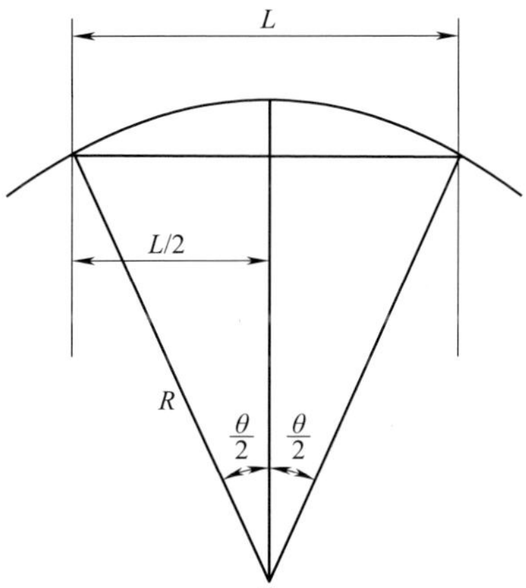

图 2-16 曲率描述方法

摇头速率陀螺YAW，测量车体每经过一定时间后车体方向角的变化值，同时采用3个车体相对转向架的横向位移计测量车体相对两转向架中心连线转角的变化值，结合光电编码器提供的速度距离信息，即可算出一定距离的曲线轨道对应的圆心角，即曲率。

弦长L为30 m的轨道对应的圆心角为θ，曲线半径为R，曲率用$1/R$表示，圆心角θ与$1/R$的关系式为

$$\frac{15}{R}=\sin\frac{\theta}{2} \tag{2-1}$$

$$\frac{1}{R}=\frac{1}{15}\sin\frac{\theta}{2} \tag{2-2}$$

2.5.3 高　低

高低测量采用惯性基准原理。惯性基准原理如图2-17所示的质量弹簧振动系统。图2-17中，M为质量体，A为加速度计，在质量体与车轮之间安装有位移传感器，K、C分别为弹簧和阻尼，位移传感器测量质量体与轮轴的相对位移W，加速度计A输出值a的二次积分为质量体相对惯性基准的位移Z，轮子半径为R，则质量弹簧系统在高低不平顺的钢轨上运行，钢轨相对于惯性基准的位移Y由（2-3）式得出。

$$Y=Z-W-R \tag{2-3}$$

因轮子半径R为常量，实际测量时（2-4）式可改为

$$Y=Z-W=\iint a\mathrm{d}t\mathrm{d}t-W \tag{2-4}$$

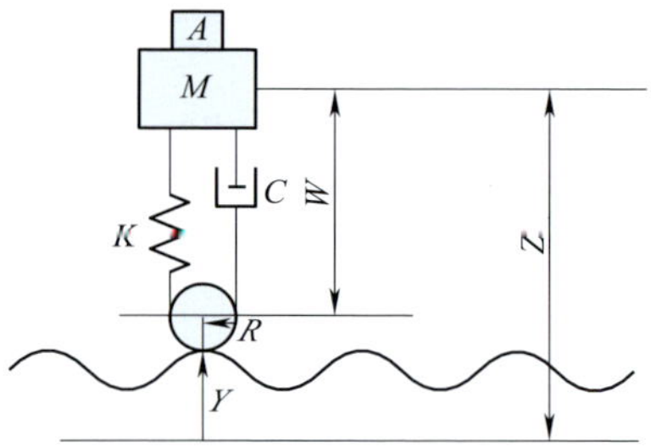

图 2-17　惯性基准法测量原理示意

从上述惯性基准法的数学模型可以看出，其传递函数恒为1。因此，理论上，惯性基准法可以真实地反映轨道不平顺。但是，为消除长时间积分的漂移，以及无须测量的频率很低、变化缓慢、数值很大的轨道高程变化、坡度和曲线超高的影响，在实现过程中，引入高通滤波器，因此高低测量的可测波长是有一定范围的。

2.5.4 轨向

轨向测量采用惯性基准原理，是惯性基准法在横向进行轨道不平顺测量的结果，轨向测量包括两个部分，一部分是安装于检测梁中央位置的轨

向加速度传感器（ALGN），用于测量检测梁中央位置相对惯性空间的惯性位移，另一部分是左右激光摄像组件所测得的左右单边轨距分量，由惯性位移和左右轨距分量计算得到左右轨的轨向。

轨向测量原理如图2-18所示。需要说明的是，轨向是左（右）轨的方向，而非轨道中心线方向。

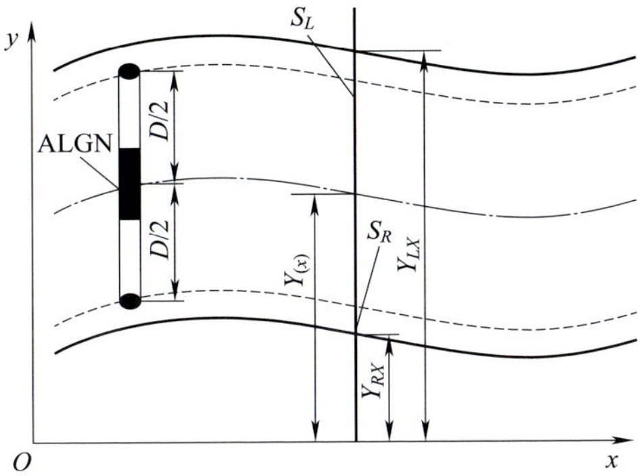

图 2-18　轨向

轨向的测量是在轨距测量的基础上完成的。左右轨向测量的计算式为

$$Y_{LX}=Y_{(X)}+\frac{D}{2}+S_L \tag{2-5}$$

$$Y_{RX}=Y_{(X)}-\frac{D}{2}-S_R \tag{2-6}$$

2.5.5 超　　高

超高测量的关键是在运动的轨检车上建立水平基准，如图2-19所示，在车内地板上安装有陀螺平台，不管车辆如何运动，陀螺平台始终稳定在水平位置。因此，可以得到车体的倾角α。利用车体和轮对之间安装的位移传感器，可以得到车体与轮对（不考虑轮对的锥形踏面等因素），即车体与轨道所在平面的倾角β。求车体倾角和车体与轨道倾角的代数和，可以得到轨道的倾角θ，如式（2-7）。从轨道倾角和轨距运算，即可得到超高h，超高计算式如式（2-8），其中，1 500 mm是左右两股钢轨头中心线的间距。

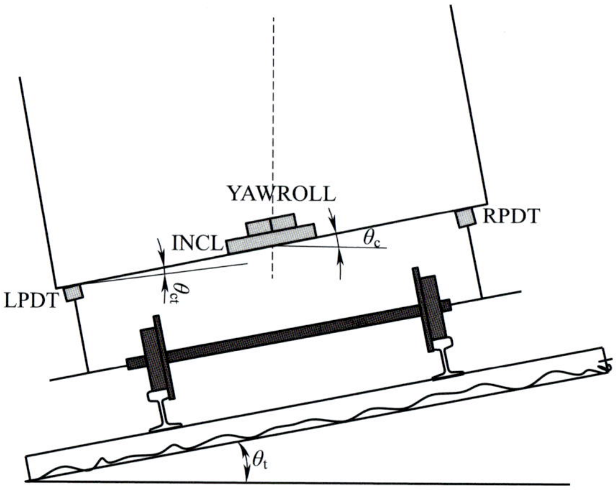

图 2-19 超高测量原理

$$\theta=\alpha-\beta \tag{2-7}$$

$$h=1\ 500\times\sin\theta \tag{2-8}$$

2.5.6 三角坑

三角坑描述两根钢轨的扭曲程度，如图2-20所示。

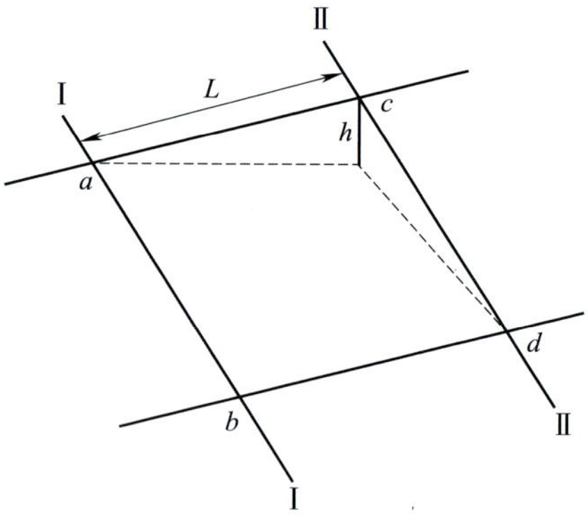

图 2-20 三角坑

由图2-20可知，相距一定基长的两个轨道断面Ⅰ和Ⅱ，与左右两轨顶面分别相交于a、b、c、d，扭曲可以理解为c点到a、b、d三点所形成的平面的距离h，实际计算时，用相距一定基长水平的代数差表示：$h=(a-b)-(c-d)$，轨道断面Ⅰ-Ⅰ的水平值，轨道断面Ⅱ-Ⅱ的水平值。为一定基长的两轨道断面的水平差，基长可变，目前基长采用3 m，动态检测扭曲包含缓和曲线超高顺坡造成的扭曲量。

三角坑是在某一个基长下水平值的变化，从测得的水平计算出来的。通常三角坑的基长设定为一个转向架中两个车轴之间的距离，我国三角坑基长为3 m，或者设定为两个转向架心盘之间的距离，约为18 m。

2.5.7 地面标志

用电涡流传感器来检测地面标志，原理如图2-21所示。

一块金属板放在一个线圈附近，当线圈内有高频电流通过时，其周围产生高频电磁场Φ_i，金属板表面产生同轴涡流，即电涡流。电涡流也同样产生一个高频磁场Φ_e，Φ_e总是抵消Φ_i，使线圈电感发生变化。电感变化可由电子线路转变成电压变化，测量电压变化即可发现金属物的存在。

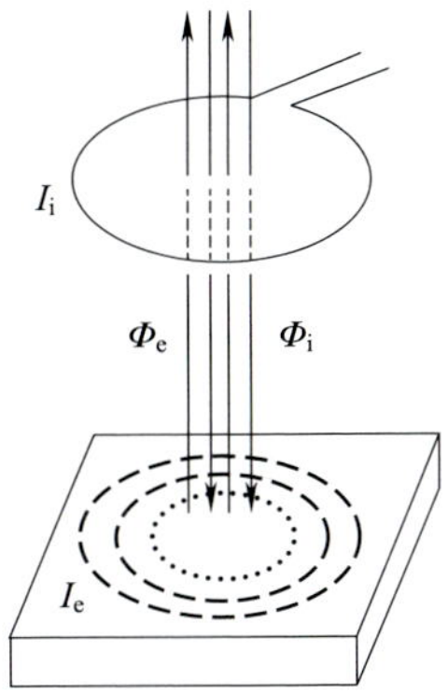

图 2-21 地面标志测量示意

地面标志包括道岔、道口、桥梁、轨距拉杆等。

2.5.8 速度和里程

测量速度和里程的传感器主要是安装在轴头的光电编码器。车轮每旋转一周，编码器产生10 000个脉冲，A相及B相各输出5 000个脉冲，A相与B相差90° 。一周的脉冲数和车轮的周长相对应，根据轮周和每周n=5 000个脉冲可计算出脉冲间距$l=\frac{\pi D}{n}l=\frac{\pi D}{n}$，其中，$D$为车轮直径，通过计算机对$l$进行累加可得距离，通过$l$和时基计算可得速度。控制电路每250 mm产生一个采样脉冲，触发计算机采集传感器数据，并计算行车速度和当前里程。

2.5.9 车体响应

车体响应指行车时车体振动加速度，包括车体横向加速度和车体垂向加速度。车体振动加速度测量要求加速度传感器安装在车体底板上，距车体纵向中心线1 m，车辆尾部靠近第4位轴处。车体横向和垂向振动加速度是轨道不平顺的间接反映，是乘车舒适度的重要指标。

采用石英挠性伺服加速度计测量车体响应。先对车体振动加速度进行模拟滤波，使得信号在合适的频率范围内。然后进行数字化处理，并按相关标准判别和输出。车体相应信号处理流程如图2-22所示。

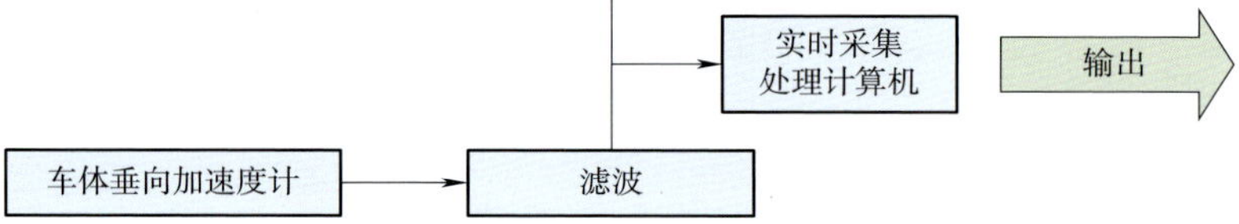

图 2-22　车体响应检测流程

2.6　系统标定

2.6.1　系统电源

（1）打开电源总开关，打开陀螺电源开关。

（2）在PATCH PANEL的电压监测孔处测量电源电压，检查是否在允许公差范围之内，见表2-3。

表 2-3　允许公差范围　V

位置	标记	误差	电压范围	实测值	是否满足
E13	+5	±0.05	+4.95～+5.05		
E14	−5	±0.05	−5.05～−4.95		
E20	+5（D）	5.1±0.1	+5.00～+5.20		
E15	+15	±0.25	+14.75～+15.25		
E16	−15	±0.25	−15.25～−14.75		
E19	+28	±0.50	+26.50～+27.50		

2.6.2　系统调零

系统调试如图2-23所示。

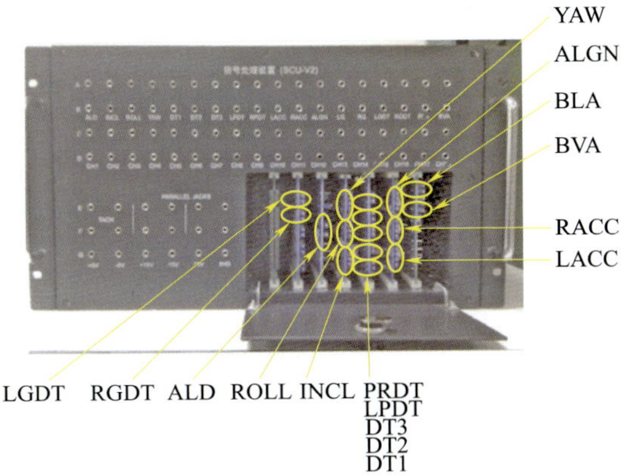

图 2-23　系统调试示意

当车辆停在平直道上时，监测SCU上D排的输出，调节各通道零点，见表2-4。标定方法详见《GJ-6A型轨道几何检测系统标定手册》。

表 2-4　允许公差范围

通道	ALD	INCL	ROLL	YAW	DT1	DT2	DT3
电压范围	-5～-2 V	绝对值≤100 mV	绝对值≤50 mV	绝对值≤50 mV	绝对值≤200 mV	绝对值≤200 mV	绝对值≤200 mV
板卡	R2	R2	R2	R2	R2	R2	R2
通道	LPDT	RPDT	LACC	RACC	ALGN	BLA	BVA
电压范围	绝对值≤200 mV	绝对值≤200 mV	绝对值≤100 mV	绝对值≤100 mV	绝对值≤200 mV	绝对值≤50 mV	绝对值≤50 mV
板卡	R2	R2	R2	R2	R2	W1	W1A

2.7　常见设备故障及处理方法

2.7.1　图像异常

图像异常情况一般为光路遮挡、阳光干扰以及信号通路某部分元器件损坏，图像处理后输出轨距分量以及高低分量，如果图像出现异常将影响高低、轨距、轨向、三角坑、水平、超高等检测项目。

1. 情况一

如图2-24所示，相机帧频正常，随行车速度变化而变化（帧频数值一般为行车速度的1.1倍），但无图像。

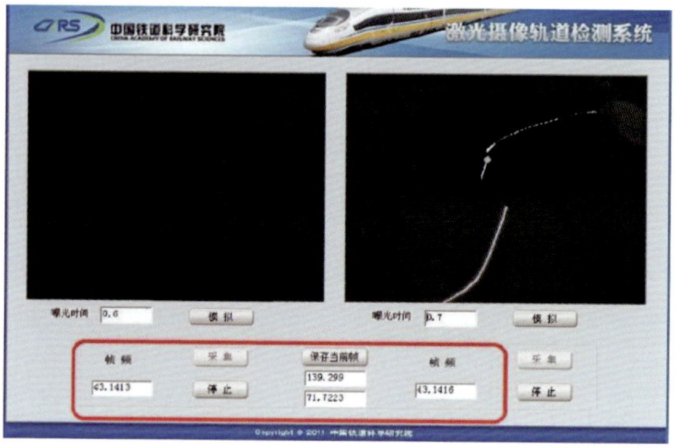

图 2-24　左侧相机无图像

问题检查步骤如下：

（1）检查激光摄像组件的相机玻璃片和激光器玻璃片是否被污泥遮挡。

（2）检查曝光时间设置是否正确，可根据现场情况适量增加。

（3）检查激光器是否正常工作。激光器正常状态亮绿灯；警示状态，但仍可以工作亮黄灯；激光器故障亮红灯，如图2-25所示。

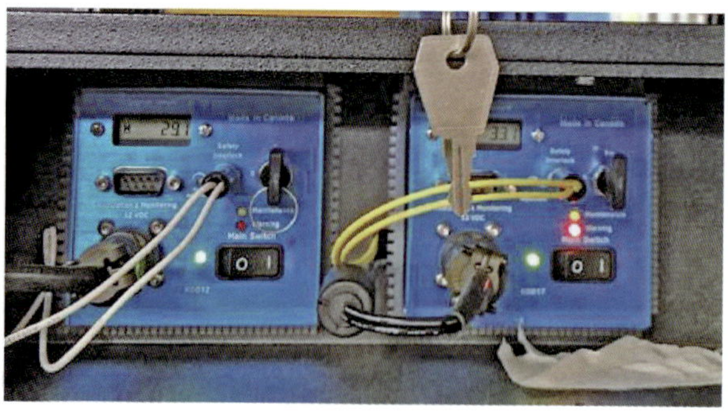

图 2-25　激光摄像电源控制箱右侧激光器电源驱动指示灯异常

（4）尝试重启图像处理计算机和激光摄像控制电源箱。

（5）车下检查轨道上是否有激光线条。

2. 情况二

如图2-26所示，两侧相机均无图像，排查方法如下。

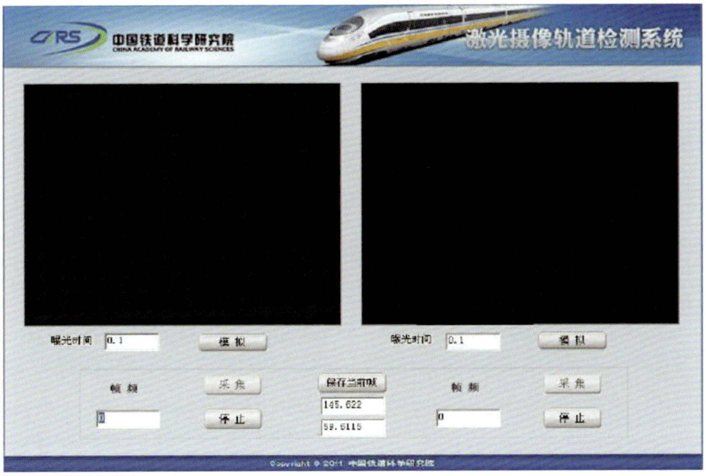

图 2-26　两侧无图像

（1）误删除C盘根目录下calA.txt、calB.txt两个文件，如图2-27所示。

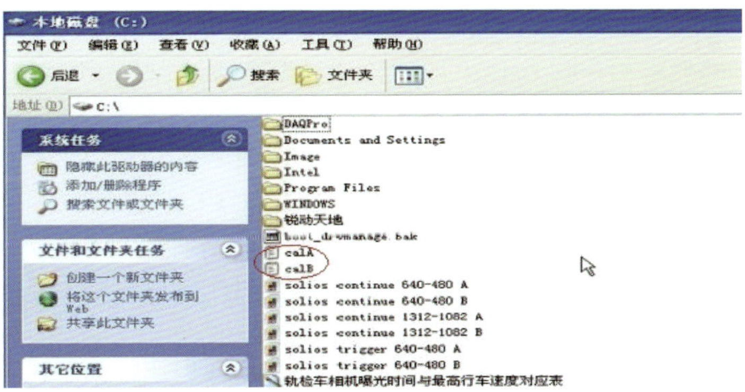

图 2-27　相机配置文件

（2）图像处理计算机后端脉冲触发信号线脱落，或机箱内触发信号排线脱落。无触发信号，相机不工作。

（3）图像采集卡损坏。

2.7.2　高低波形异常

高低项目检测所用传感器主要有激光摄像组件、高低加速度计、倾角仪（INCL）、滚动加速度计（ROLL）、摇头加速度计（YAW），运用惯性基准原理进行检测。高低位移分量由图像处理计算机输出，测得高低项目的高频分量；高低加速度计输出值的二次积分为检测梁相对惯性基准的位移，测得高低的低频分量。

如图2-28所示，左高低与右高低相比波形平滑，左高低无高频分量，仅有低频分量（高低加速度计测得），图像处理计算机不输出左侧高低分量，可判断图像处理计算机左侧图像异常。

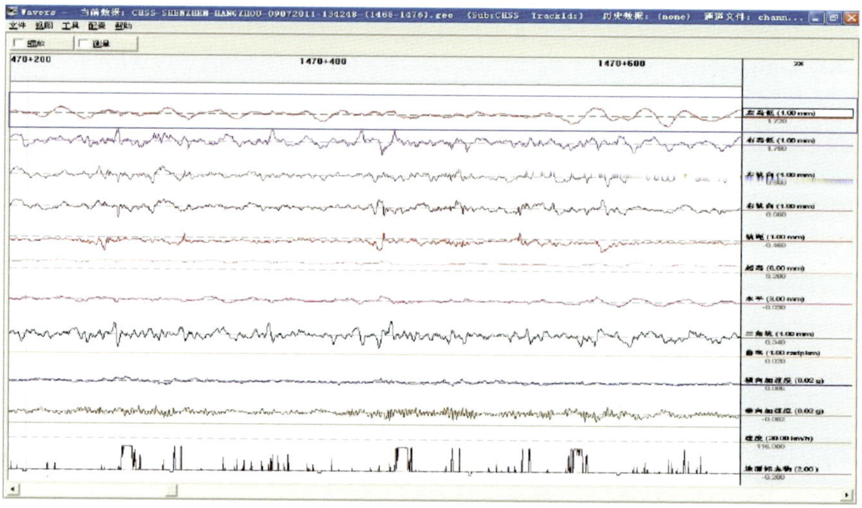

图 2-28　左高低波形异常

2.7.3　超高异常

超高（水平）项目检测所用传感器主要有倾角仪（INCL）、滚动加速度计（ROLL）、摇头加速度计（YAW），图像处理输出高低分量。

如图2-29所示，超高波形异常，排查步骤：

（1）检查电源电压，陀螺平台供电情况。

（2）检查各通道增益，INCL、ROLL、YAW分别在6、3.27、3.27倍左右，如增益偏离较多需重新标定陀螺平台。

（3）拆卸陀螺平台，轻微晃动，观察INCL、ROLL、YAW信号输出是否正常。

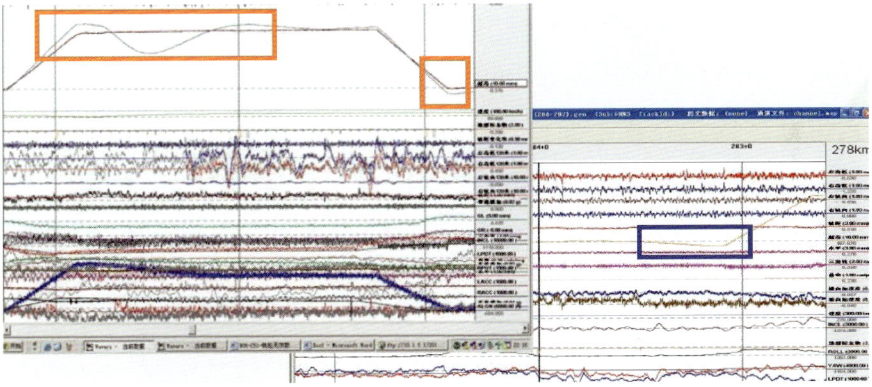

图 2-29 超高波形异常

2.7.4 ALD无信号

排查方法如下：

（1）检查增益。在ALD传感器下放置铁板，用万用表测量ALD板卡TP2相对TP4的电压值，应为+9 V左右，可调节R1。

（2）检查线缆。由于ALD距离轨面较近，容易受到石渣等异物冲击，线缆容易断裂，检查车下线缆及插头。线缆断裂如图2-30所示。

图 2-30 线缆断裂

2.7.5 系统速度异常——速度为零

（1）TACH板或编码器损坏，可切换备用编码器验证。

（2）TACH板可能松动，重新插拔。

（3）检查轴端线缆是否破损，接头是否有管脚脱焊、虚焊，如图2-31所示。

（4）取下编码器，检查联轴节与轴之间是否松动，如图2-32所示。由于联轴节是通过其内部顶丝固定在轴平面，若顶丝松动，则不能保证编码器随车轴转动，产生速度跳变。

图 2-31　可切换备用编码器验证

图 2-32　顶丝松动

第3章 轨道检测作业

3.1 轨道检测系统概况

3.1.1 系统结构

检测系统结构原理如图3-1所示。

3.1.2 测量项目与传感器

轨道检测系统检测轨距、轨向、高低、水平、三角坑等几何不平顺项目。使用激光摄像系统测量钢轨相对于检测梁的横向和纵向位移，使用加速度计、陀螺、位移计等多种传感器测量车体和检测梁的姿态变化。将需要检测的位移、速度、加速度等物理量转换为相应的电模拟信号，通过信号转接及监视单元输入到信号处理单元。信号处理单元将信号放大和模拟滤波处理后再经过信号转接及监视单元输入到数据采集和处理计算机。该计算机对输入模拟信号进行A/D模数转换、存储、数字滤波、修正以及补偿处理，然后经过综合运算，合成得到所需轨道几何参数，并在显示器上实时显示轨道几何波形图。

1. 轨距

轨距测量使用左激光摄像组件（LLCU）和右激光摄像组件（RLCU）。

LLCU测量左轨距，RLCU测量右轨距，由左轨距和右轨距计算轨距。

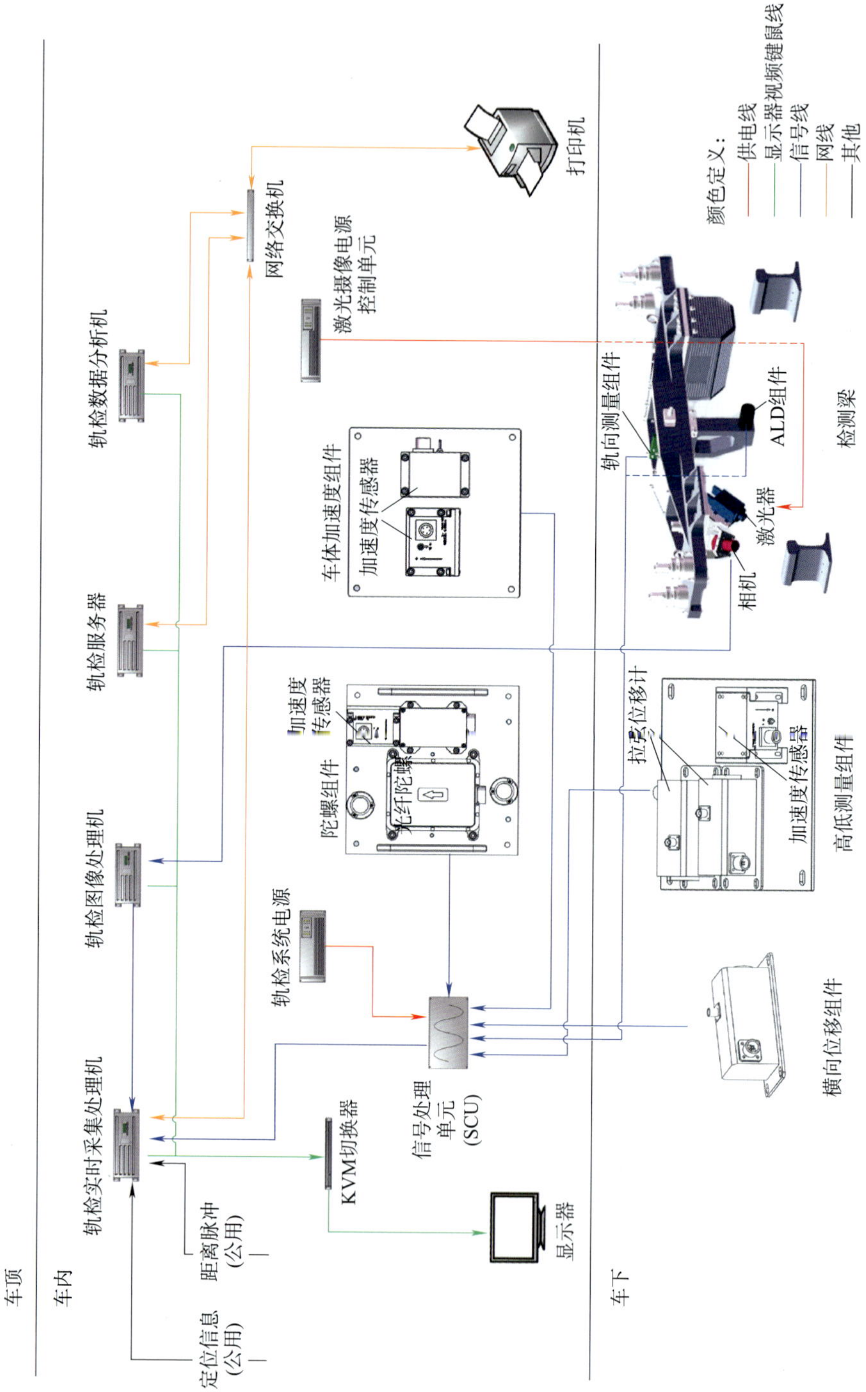

图3-1 轨道检测系统结构原理

2. 曲率

曲率测量使用摇头陀螺（YAW）和光电编码器（ENC）。

ENC产生距离脉冲，使系统能够控制采样间距为0.25 m，并计算两次采样的时间间隔（TBS）。

YAW获得基于时间的方向角变化率，结合TBS和采样间距，就可以计算基于距离的方向角变化率，即曲率。

3. 超高、水平、三角坑

超高测量使用倾角计（INCL）、摇头陀螺（YAW）、滚动陀螺（ROLL）、左高低位移计（LPDT）、右高低位移计（RPDT）和光电编码器（ENC）。

INCL测量车体倾角的低频量，ROLL测量车体倾角的高频量，LPDT和RPDT用于计算车体和轨道之间的倾角，结合TBS，就可以计算轨道的倾斜角，进而得到超高。YAW、ROLL、LPDT、RPDT还用于INCL信号的修正。

水平由超高经高通滤波得到。三角坑由固定间距（即三角坑的基长）的超高值相减得到。

4. 高低

左高低测量使用左高低加速度计（LACC）、左高低位移计（LPDT），右高低测量使用右高低加速度计（RACC）、右高低位移计（RPDT），同时左、右高低测量均使用了车体倾角和光电编码器（ENC）。车体倾角是超高计算的中间量。

左高低测量中，LACC得到左高低的低频成分，LPDT得到左高低的高频成分，车体倾角用于低频成分的修正。右高低测量同理。

5. 轨向

左轨向测量使用轨距测量中的左轨距，由LLCU测得；右轨向测量使用轨距测量中的右轨距，由RLCU测得。同时，左右轨向测量均使用了轨向加速度计（ALGN）、轨道倾角和光电编码器（ENC）。轨道倾角是超高计算的中间量。

左轨向测量中，LLCU得到左轨向的高频成分，ALGN得到轨向的低频成分，轨道倾角用于低频成分的修正。右轨向测量同理。

6. 地面标志

由地面标志传感器（ALD）获得地面标志信号。

7. 车体振动加速度

分别由车体横向加速度计（BLA）和车体垂向加速度计（BVA）测量车体横向振动加速度和车体垂向振动加速度。

8. 速度和里程

由光电编码器（ENC）产生距离脉冲信号，累加距离脉冲数，产生采样脉冲和TBS，进而计算出速度和里程。

3.2 检测系统操作

3.2.1 启动作业

1. 检测整备

确认激光摄像组件玻璃视窗洁净、拉弦位移计、线缆、检测梁、紧固件等状态工作正常。

2. 启动UPS不间断电源

打开外部供电电源，按下UPS不间断电源开机键，待UPS不间断电源“负载指示灯”“逆变指示灯”“电池指示灯”正常亮起，如图3-2所示。

3. 打开部件电源

打开系统电源及激光摄像控制电源，启动实时采集处理机、图像处理机、服务器、数据分析机。

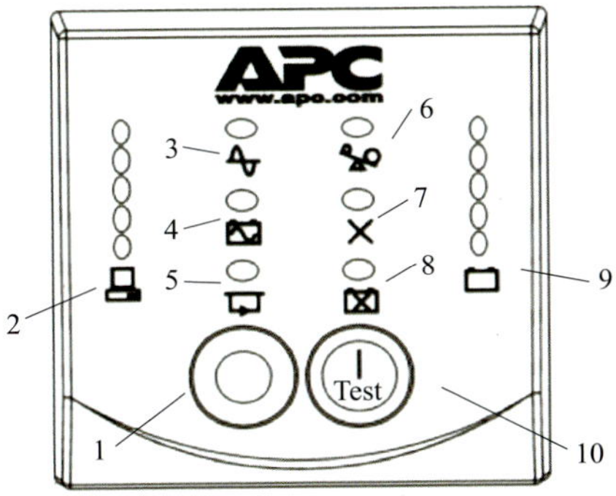

1—关机键；
2—负载指示灯；
3—逆变指示灯；
4—电池指示灯；
5—旁路指示灯；
6—过载指示灯；
7—故障指示灯；
8—电池故障指示灯；
9—电池电量指示灯；
10—开机键。

图 3-2　UPS 不间断电源界面

4. 调节各通道零位

车辆静止状态下，位于平直道且空气弹簧正常充气时，检查SCU的CH2～CH12、CH17～CH18通道电压值是否在技术要求范围内，当通道对应电压值不满足时，要及时调节零点电压，详见《SCU使用说明》。

5. 运行数据集成处理软件

双击服务器桌面上“轨检数据集成处理软件”快捷图标，在主界面菜单栏上单击“数据控制台”，如图3-3所示，详见《轨检数据集成处理软件使用说明》。

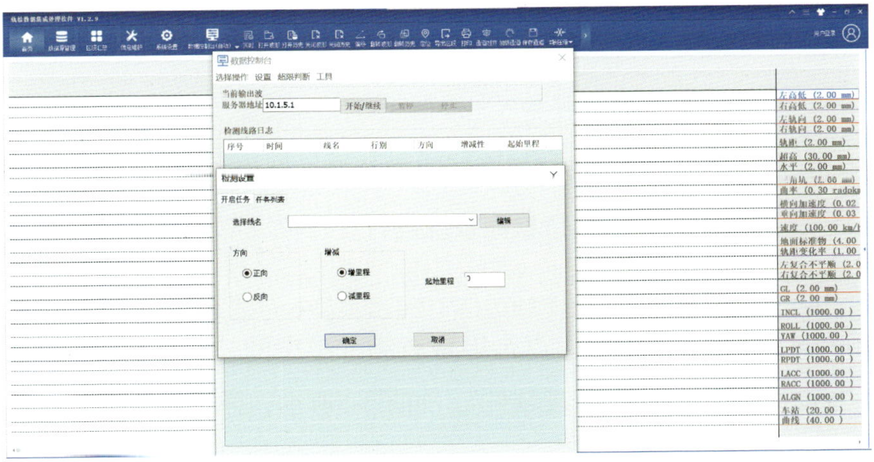

图 3-3　数据控制台设置

在“数据控制台”界面选择“服务器地址IP”，点击“开始/继续”按钮，在弹出“检测设置”对话框中选择线名、运行方向、增减里程和起始里程，点击“确定”，等待检测系统运行。

6. 运行图像处理软件

双击图像处理机桌面上“廓形图像处理软件”快捷图标，启动界面如图3-4所示，详见《轨廓图像处理软件使用说明》。

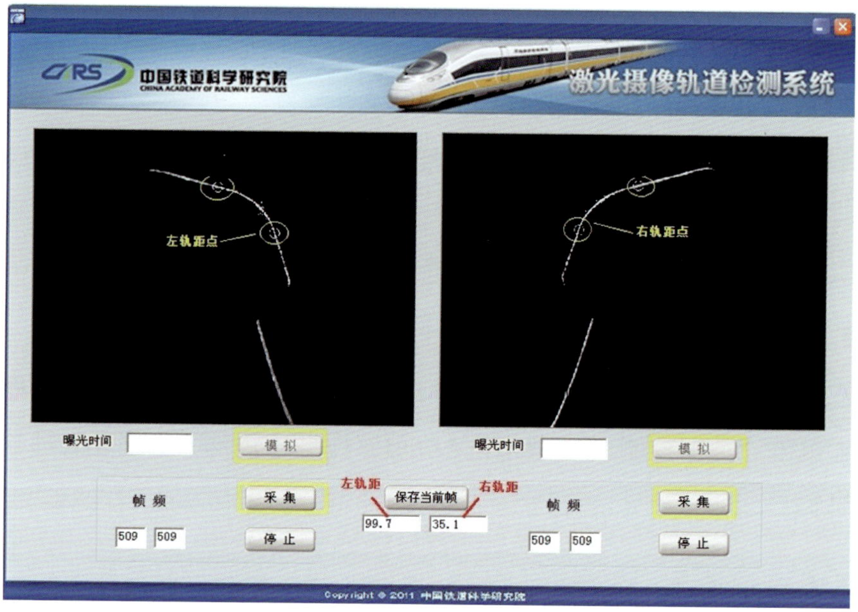

图 3-4 廓形图像处理软件启动设置

点击“模拟”键后查看轨道廓形图像效果，图像应清晰、均匀、连续。再点击“采集”键，即可等待检测系统运行。

7. 运行实时处理软件

在QNX计算机桌面上，点击屏幕右侧菜单中的“轨道检测”快捷键，运行“轨道几何参数实时处理软件”，如图3-5所示，详见《轨道几何参数实时处理软件使用说明》。

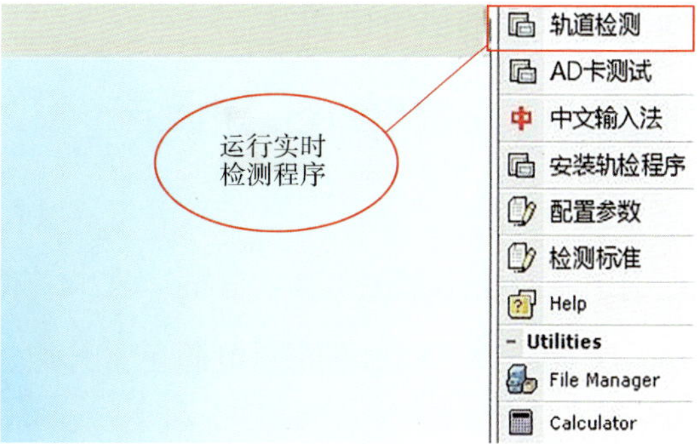

图 3-5　实时检测程序启动设置

进入检测主界面，F3设置检测方向；F1设置里程，在里程值前加上“+”或“-”号分别表示“增里程”或“减里程”；F9选择本次检测线路；F2进入实时检测状态，等待车辆运行。

8. 轨距和水平校核

车辆静止时，点击实时处理软件界面的“F4校核”，在界面左下角的操作信息显示区输出系统测量的轨距和水平值，使用道尺在同一位置进行人工测量。对比系统测量值和手工测量值，若有差异，点击“F5修正值”进行修正，使其一致。

9. 定位同步信息

打开定位同步系统，运行定位同步服务器软件，详见《定位同步系统说明》。

10. 检测数据处理

通过历史波形数据对比、传感器原始信号和偏差位置等信息综合判断超限数据有效性，对数据进行人工编辑、区段汇总、打印报表等操作，详见《轨检数据集成处理软件使用说明》。

11. 系统关闭

检测结束时，关机的顺序与上述步骤相反，即先退出各检测软件，再关闭计算机电源（QNX计算机系统软件关闭后，需要手动按下电源开关），最后关闭UPS不间断电源和外部供电电源。

3.2.2 UPS不间断电源及工控机的启动和关闭

1. 开启步骤

闭合图中①区所有开关→长按图中②区“On”键2 s，待“交流电指示灯”常亮后→闭合图中③区所有开关，UPS不间断电源正常开启，如图3-6所示。

2. 关闭步骤

关闭UPS不间断电源的步骤与开启步骤相反，先断开图中③区开关→长按图中②区的“Off”键→最后断开图中①区开关。

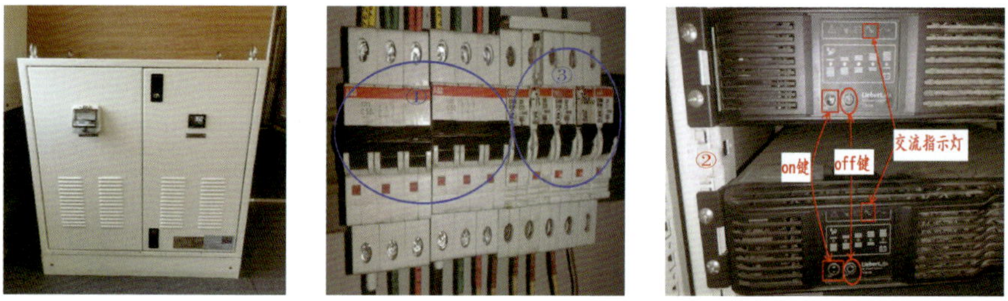

图 3-6 UPS 不间断电源开关

3. 启动机柜内各硬件设备电源

开启顺序为应先打开系统电源，稳定后再打开惯组电源，激光摄像控制电源，如图3-7所示。

图 3-7 机柜内各硬件设备

启动各工控机，如图3-8所示。

图 3-8 机柜内各工控机

3.2.3 软件操作

GJ-6A型轨道检测系统配置4台计算机，分别为实时采集处理机QNX、图像处理机GAUGE、服务器SERVER和数据分析计算机WAVER。功能如下：

实时采集处理机，采用QNX实时操作系统，安装轨道检测的实时处理软件。

图像处理机，采用桌面操作系统，安装图像处理软件。

服务器，采用桌面操作系统，安装轨道检测数据集成处理软件和数据库管理软件。

数据分析计算机，采用桌面操作系统，安装“轨道检测数据集成处理软件”和“数据库管理软件”。软件功能与服务器上安装的软件同名且功能相同。

KVM多屏切换显示说明如图3-9所示。

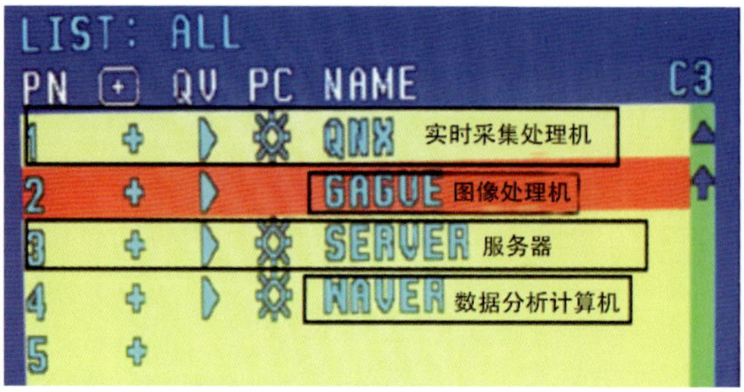

图 3-9　KVM 屏幕切换界面

1. 实时处理软件

在实时采集处理机（通常称为QNX主机）上，运行轨道检测程序。点击屏幕右侧菜单中“Application”栏目下的“轨道检测”，进入检测软件主界面。实时采集计算机上“轨道检测数据处理系统”正常工作时，如图3-10所示。

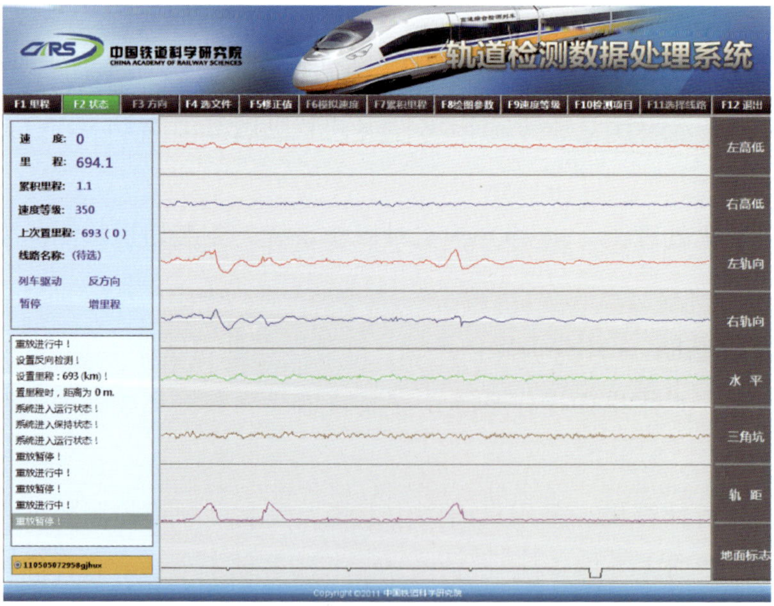

图 3-10　轨道检测数据处理系统工作界面

操作和功能键使用说明如下：

（1）按键盘功能键F1或点击软件界面“F1置里程”按钮，弹出“设置里程”窗口，输入里程数后，回车或点击“确定”完成里程设置。第一次设置减里程时或线路里程由增里程变为减里程时，需要在输入的里程数前加上“-”号，以后的设置里程如继续为减里程，“-”号可以省略，如果由减里程变为增里程，则必须在里程数前加上“+”号。小键盘设置里程时，先按“置里程”键，输入里程数，最后按“确定”键结束。

（2）按键盘功能键“F2”或点击软件界面“F2状态”按钮，系统在“保持”状态和“检测”状态间切换，系统处于“保持”状态时，不进行采样和数据合成。轨距、水平校核、设置模拟速度等命令必须在“保持”状态下执行。系统处于何种状态，显示在系统信息显示区。

（3）按键盘功能键“F3”或点击软件界面“F3方向”按钮，在“正方向”和“反方向”间切换。软件设置必须与检测系统行进的方向保持一致。

（4）按键盘功能键“F4”或点击软件界面“F4校核”按钮，系统显示轨距和水平的检测值，F4和F5结合使用，现场标定轨距和水平。

（5）按键盘功能键“F5”或点击软件界面“F5修正值”，可设置或修改轨距和水平的修正值。

（6）按键盘功能键“F6”或点击软件界面“F6模拟速度”，弹出“设置模拟速度”窗口，输入模拟速度值后回车或点击“确定”，系统按模拟速度运行，如果回到实际检测状态，则将模拟速度设为0。

（7）按键盘功能键“F7”或点击软件界面“F7累积里程”，设置累积里程值。

（8）按键盘功能键“F8”或点击软件界面“F8绘图参数”按钮，弹出“设置绘图通道参数”窗口，通过该窗口可以选择实时图形显示的输入、输出通道、设置比例系数和通道比例系数。

（9）按键盘功能键F9或点击软件界面“F9速度等级”按钮设置速度等级，不同的速度等级对应不同的超限管理值。

（10）按键盘功能键F10或点击软件界面“F10检测项目”按钮，可以选择对某些项目不进行超限判断。例如，点击“轨向”和“轨距”项目，确定后“轨距”和“轨向”不再参与扣分计算。

（11）按键盘功能键F11或点击软件界面“F11选择线路”按钮，可以选择检测线路。选择线路后，系统将根据所选线路命名存储的原始数据及其他数据文件，并且将按照所选线路自动切换线路速度等级。

（12）按键盘功能键F12或点击软件界面“F12退出”对应的按钮，退出检测系统。

2. 图像处理软件

在图像处理机桌面，双击“廓形图像处理软件”快捷图标，启动“激光摄像轨道检测系统”，在主界面点击“采集”，启动图像采集功能，显示原始采集图像，如图3-11所示。

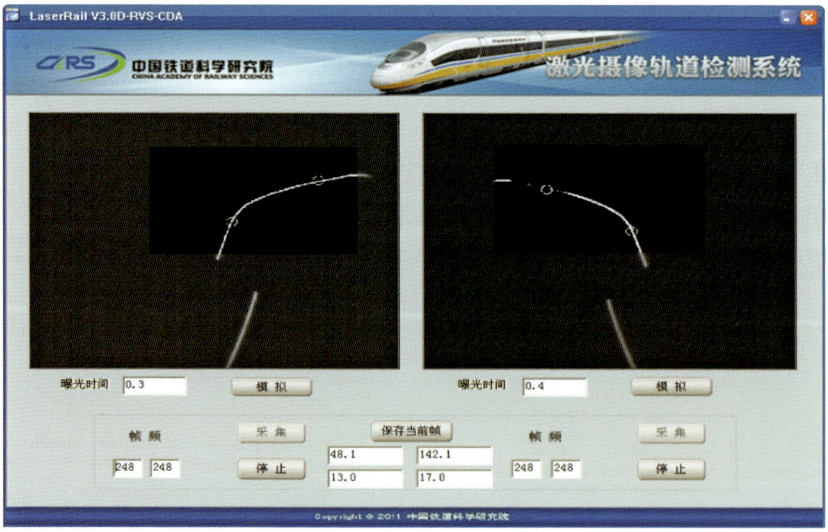

图 3-11　图像处理软件界面

实际检测运行过程中，该软件需要速度信号触发图像采集；无速度信号时，则需要模拟速度触发图像采集。

3. 轨道检测数据集成处理软件

双击服务器桌面上“轨检数据集成处理软件”快捷图标，启动软件。软件启动后在未登录情况下，默认不具有可编辑权限。主界面如图3-12所示。

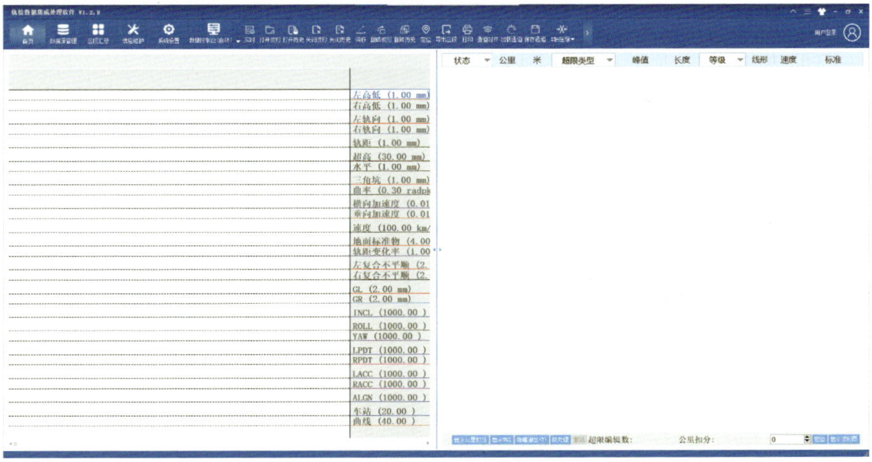

图 3-12　轨道检测数据集成处理软件主界面

（1）用户登录

单击主界面窗口右上角“用户登录”按钮，在登录窗口输入用户名和密码，如图3-13所示。

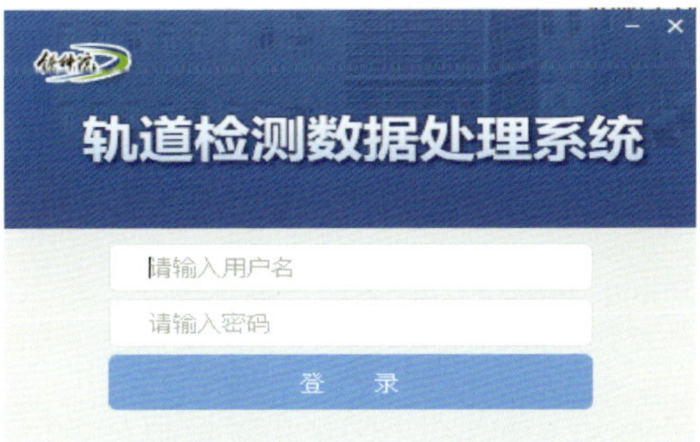

图 3-13　轨道检测数据处理系统用户登录界面

（2）登录数据控制台

在服务器上开展实时检测前要先登录数据控制台，用来接收QNX主机上的检测数据。

在主界面上方菜单栏单击启动“数据控制台（手动）”，进入数据控制台。设置步骤如下：单击“开始/继续”—“检测设置”—“开启任务”—“选择线名”—选择“正、反向”—选择“增、减里程”—最后点击“确定”，如图3-14所示。

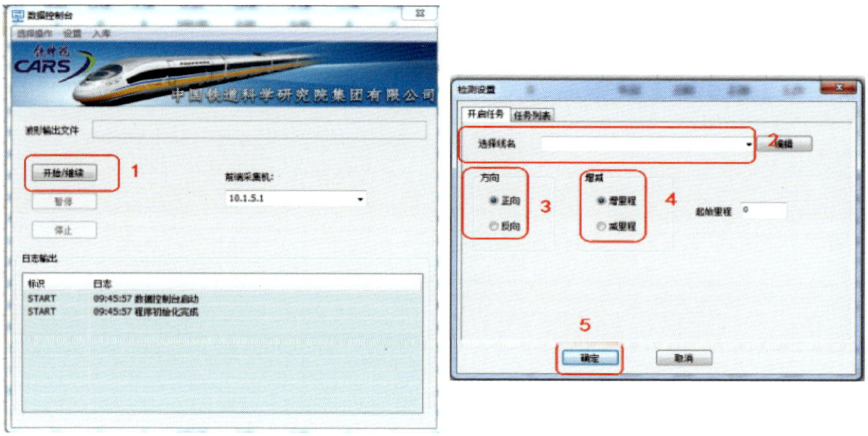

图 3-14　数据控制台接收步骤设置

手动模式下接收数据控制台每次检测任务只需要设置一次即可，换线时QNX主机上的“轨道检测数据处理软件”会自动联动换线。

（3）数据源管理主界面

数据源管理主界面展示了历次检测数据信息，选择相应检测记录，点击右侧“轨道几何超限编辑”按钮，可以查看对应的轨道几何超限数据详情。数据源管理主界面，如图3-15所示。

（4）数据编辑

在主界面上，左侧显示波形，右侧显示超限信息，在登录的状态下可以对超限数据进行编辑，如图3-16所示。

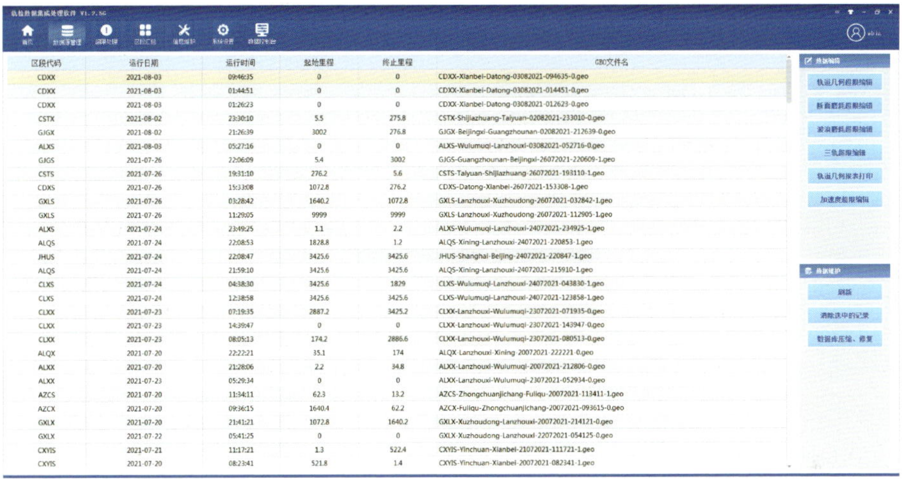

图 3-15 数据源管理主界面

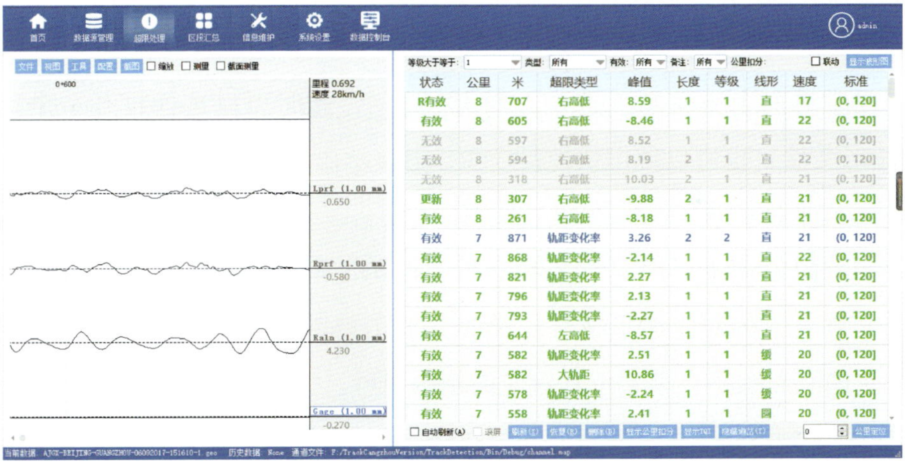

图 3-16 超限处理工作界面

轨道几何超限评价采用四个偏差等级，分别为 I 级、II 级、III 级、IV 级，速度等级管理采用（0，80]、（80，120]、（120，160]、（160，200）、[200，250]、（250，350]。

（5）波形查看

在主界面上方菜单栏选中“实时”，此时将打开实时检测波形图，也可以使用快捷键CTRL+R，如图3-17所示。

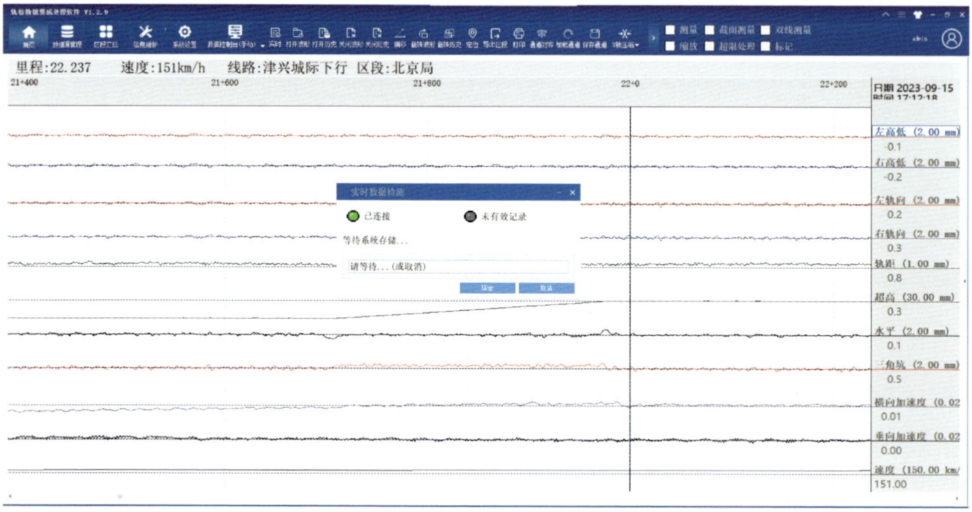

图 3-17　波形图工作界面

在主界面上方菜单栏选中“打开历史”，此时可以选择打开一个历史geo波形文件，也可以使用快捷键CTRL+H显示历史波形图。

（6）波形联动

在超限处理主界面，点击右下角“显示波形图”按钮，可以自动打开指定文件夹下的对应波形文件。此时，双击超限列表数据中的一条超限类型，左侧波形图将自动定位到对应的超限里程。

（7）超限列表

在超限处理主界面，选中“显示公里扣分”，系统会每间隔3 s更新一次超限列表数据，如图3-18所示。

在超限处理主界面，选择需要编辑的超限数据，然后，右键选择“删除”，即可将超限数据设置为“无效”状态。

选择无效状态的超限数据，然后，右键选择“恢复”，即可将数据设置为“有效”状态，如图3-19所示。

状态	公里	米	超限类型	峰值	长度	等级	线形	速度	标准
有效	20	028	右高低	-4.2	1	1	直	81	(120, 160]
有效	23	180	右高低	-4.51	1	1	直	161	(120, 160]
有效	23	180	左高低	-4.77	1	1	直	161	(120, 160]
有效	31	763	左轨向	4.6	1	1	直	250	[200,250]
有效	31	849	轨距变化率	1.08	1	2	直	250	[200,250]
无效	31	852	轨距变化率	-0.91	1	1	直	250	[200,250]
有效	49	614	轨距变化率	1.0	1	1	直	232	[200,250]
有效	50	717	轨距变化率	-1.3	1	2	直	231	[200,250]
有效	50	773	轨距变化率	-1.1	1	2	直	231	[200,250]
有效	62	705	轨距变化率	1.6	1	2	直	102	(120, 160]
有效	62	706	大轨距	5.08	1	1	直	102	(120, 160]
有效	62	707	左轨向	6.04	1	2	直	102	(120, 160]
有效	62	708	轨距变化率	-1.65	1	2	直	101	(120, 160]

图 3-18　显示公里扣分界面

图 3-19　恢复删除超限

右键单击一条超限信息，依次选择“等级更新—目标等级”可更新超限等级。

（8）显示/隐藏TQI

在超限处理主界面，系统默认隐藏TQI信息，点击“显示TQI”按钮，系统显示TQI列表信息，按钮变为“隐藏TQI”；点击“隐藏TQI”按钮，系统隐藏TQI列表信息，按钮变为“显示TQI”，如图3-20所示。

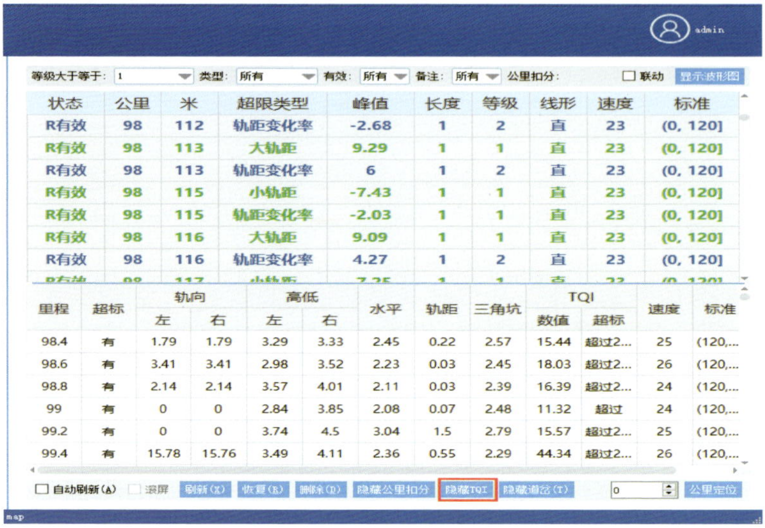

图 3-20　隐藏 TQI 工作界面

若进行TQI人工编辑，在点击“显示TQI”选项后，必须选择“刷新”选项，才能显示出所有TQI信息。

鼠标右键单击TQI列表区域，显示删除、恢复等菜单，如图3-21所示。

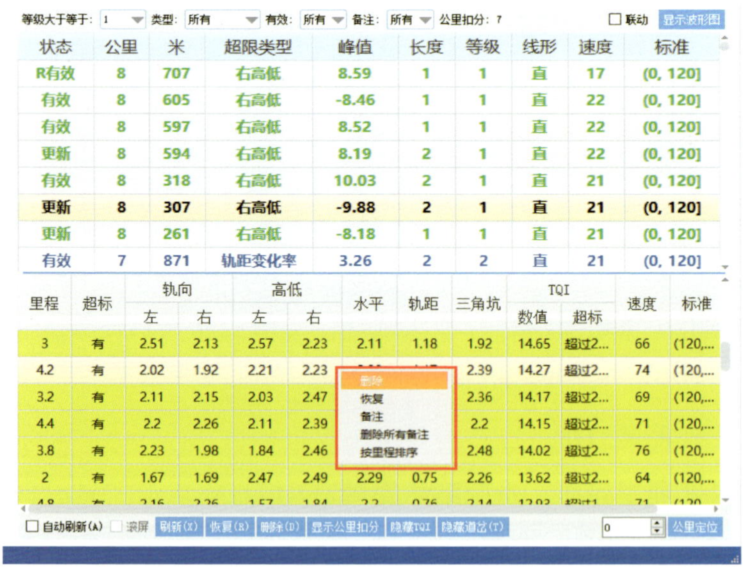

图 3-21　TQI 人工编辑

选中第一行，右键单击“删除”菜单，系统将该行数据显示为红色，如图3-22和图3-23所示。

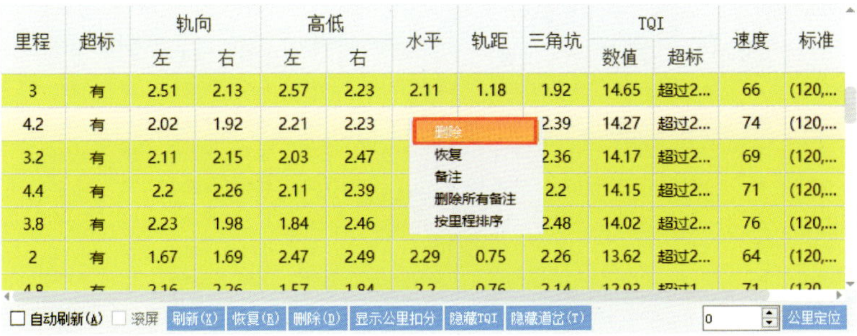

里程	超标	轨向		高低		水平	轨距	三角坑	TQI		速度	标准
		左	右	左	右				数值	超标		
3	有	2.51	2.13	2.57	2.23	2.11	1.18	1.92	14.65	超过2...	66	(120,...
4.2	有	2.02	1.92	2.21	2.23			2.39	14.27	超过2...	74	(120,...
3.2	有	2.11	2.15	2.03	2.47			2.36	14.17	超过2...	69	(120,...
4.4	有	2.2	2.26	2.11	2.39			2.2	14.15	超过2...	71	(120,...
3.8	有	2.23	1.98	1.84	2.46			2.48	14.02	超过2...	76	(120,...
2	有	1.67	1.69	2.47	2.49	2.29	0.75	2.26	13.62	超过2...	64	(120,...

图 3-22 TQI 人工编辑（删除）

里程	超标	轨向		高低		水平	轨距	三角坑	TQI		速度	标准
		左	右	左	右				数值	超标		
7.8	无	0	0	2.44	2.32	1.4	0.98	1.46	8.6	未超过	20	(0,120]
6.4	无	0.86	0.93	1.55	1.26	1.27	0.91	1.55	8.33	未超过	65	(0,120]
8.2	无	0	0	2.05	1.9	1.33	0.76	1.43	7.47	未超过	22	(0,120]
1.2	无	0.85	0.59	0.9	1.07	0.87	1	1.05	6.33	未超过	41	(120,...
8.7	无	0	0	0	0	0	0	0.06	0.06	未超过	22	(0,120]
4.2	有	2.02	1.92	2.21	2.23	2.33	1.17	2.39	14.27	未超过	74	(120,...

图 3-23 TQI 人工编辑（删除后状态）

通过人工编辑TQI，进而修改区段汇总中TQI统计。

选择人工编辑删除后标红的TQI，右键单击“恢复”按钮，系统将TQI恢复为有效原始值，如图3-24所示。

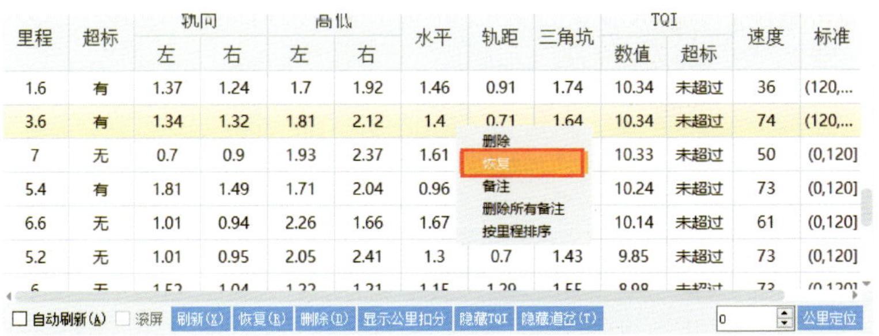

里程	超标	轨向		高低		水平	轨距	三角坑	TQI		速度	标准
		左	右	左	右				数值	超标		
1.6	有	1.37	1.24	1.7	1.92	1.46	0.91	1.74	10.34	未超过	36	(120,...
3.6	有	1.34	1.32	1.81	2.12	1.4	0.71	1.64	10.34	未超过	74	(120,...
7	无	0.7	0.9	1.93	2.37	1.61			10.33	未超过	50	(0,120]
5.4	有	1.81	1.49	1.71	2.04	0.96			10.24	未超过	73	(0,120]
6.6	无	1.01	0.94	2.26	1.66	1.67			10.14	未超过	61	(0,120]
5.2	无	1.01	0.95	2.05	2.41	1.3	0.7	1.43	9.85	未超过	73	(0,120]

图 3-24 TQI 恢复

右键点击“按里程排序”，TQI列表将按照里程大小排序，若再次点击将“恢复默认排序”（即按数值大小排序），如图3-25和图3-26所示。

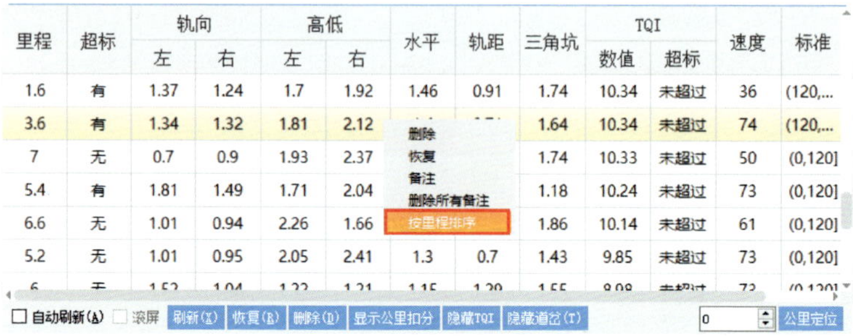

图 3-25 TQI 数值默认排序

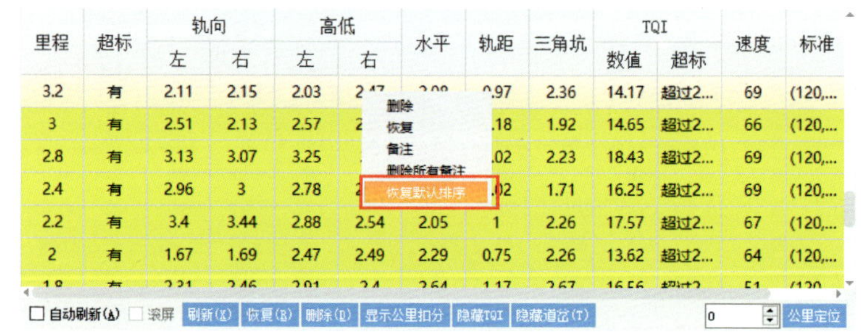

图 3-26 TQI 数值按公里排序

TQI编辑备注，在一行TQI信息上右键单击，选择备注，可以填写此行TQI编辑原因，备注后字体加粗显示，也可以选中多行进行批量备注以及删除备注，如图3-27所示。

图 3-27 TQI 备注

（9）区段汇总及报表打印

在数据源管理界面，选择一行区段运行记录信息，单击“区段汇总”，进入“区段信息选择”模式，选择线路、区段信息、起止里程后，点击“区段统计”即可显示统计结果。汇总统计后可以选择报表打印或导出，如图3-28所示。

图 3-28 区段汇总工作界面

若需要合并统计多条运行记录，则选中“添加”，并选择多条运行记录后进行区段统计。

4. 检测结束

检测结束时，关机顺序同上述步骤相反，先退出各检测系统软件，再关闭计算机电源，关闭机柜内各硬件设备控制电源，最后关闭UPS不间断电源和外部供电电源。

3.2.4 数据归档

1. 路局数据发放

（1）提前确认检测交路信息和涉及的路局（站段）管辖范围。

（2）将轨检服务器上的轨检数据按编辑规则完成人工编辑。

（3）按路局（站段）管辖范围汇总检测数据，导出波形图，进行光盘拷贝，并在《轨检数据发放记录本》上登记路局数据接收人员信息。

2. 平台数据归档

（1）提前确认检测交路信息和涉及的路局管辖范围。

（2）将轨检服务器上的轨检数据按编辑规则完成人工编辑。

（3）填写检测日志、漏检表、导出波形图，按路局（站段）管辖范围汇总检测数据，编写当日检测日报。将以上数据归档在一个车号+日期的文件夹中。具体格式如图3-29所示。

应当说明的是，导出数据名称应根据最新《速度区段表》中的线路名称信息进行命名。

名称	修改日期	类型	大小
合蚌高速	2021/9/27 17:50	文件夹	
合福高速	2021/9/27 18:32	文件夹	
京沪高速	2021/9/27 16:18	文件夹	
CRH2C-2061_GJ_LJ_20210927	2021/9/24 7:29	XLSX 工作表	18 KB
CRH2C-2061-GJ-RB-20210927-GJHS-GHBSX-GHFX	2021/9/27 18:33	DOC 文档	59 KB
CRH2C-2061-GJ-RZ-20210927	2021/9/27 18:10	DOC 文档	1,615 KB
CRH2C-2061轨道几何状态变化分析检测日报表20210927	2021/9/27 18:17	XLSX 工作表	209 KB

图 3-29　归档资料示意

（4）*.GEO的命名规则：线路（三段式）-日期-时间-[校验位]；*.IIC的命名规则：线路+行别_管界路局名称_（起点里程-终点里程），具体格式如图3-30所示。

名称	修改日期	类型	大小
郑阜联络上行_郑州局_(7.298-0)	2024/3/22 9:30	文件夹	
郑阜联络下行_郑州局_(0-7.621)	2024/3/22 9:30	文件夹	
LZFS-Sihouxianlusuo-Zhengzhounan-21032024-140126-0.geo	2024/3/21 14:04	GEO 文件	5,110 KB
LZFX-Zhengzhounan-Sihouxianlusuo-21032024-130535-1.geo	2024/3/21 13:08	GEO 文件	5,502 KB

图 3-30　波形图命名示意

3. 日志、日报、漏检表的编写

（1）日报的编写

日报文件名称命名规则——按照车型-专业-日报-日期-交路信息进行编写。例如，CRH2C-2061-GJ-RB-20210927-GJHS-GHBSX-GHFX。

页眉规则——打开日报文件确认页眉，左侧为铁科院标识，右侧为当天检测车的车型、检测日期及交路、日报版本和日报文件名称，日报页眉格式如图3-31所示。

铁科院 CARS

CRH380AJ-2818 高速综合检测列车日报 JJ-B06-CJ01-V7.1
CRH380AJ-2818-GJ-RB-20240321-GJGS-BZJSX-CZKSX-LZFSX

图 3-31　日报页眉

（2）日志的编写

日志文件名称命名规则——按照车型-专业-日志-日期进行编写。例如，CRH2C-2061-GJ-RZ-20210925。

页眉规则——打开日志文件确认页眉，左侧为铁科院标识，右侧为综合检测列车工作日志和日志版本，日志页眉格式如图3-32所示。

铁科院 CARS

综合检测列车工作日志
JJ-B06-CJ05-J01-V7.1

图 3-32　日志页眉

日志中，车型、检测日期、设备状态确认、排班表、大值处理记录、值班记录、数据发放记录和数据归档记录为日志重要信息。

（3）漏检表的编写

漏检表文件名命名规则——按照车型-专业-漏检-日期进行编写。例如，CRH2C-2061-GJ-LJ-20210925。

打开漏检表填写当天的日期，将当天的漏检信息如实填写在表格中。无漏检可不填写，但当日要把空表归档。

漏检表中记录本月每天的漏检信息，采用月度累计记录模式。

（4）数据、日报上传时间要求

执行《检测试验数据管理控制程序》中归档时间要求。

3.2.5　参数设置

1. QNX采集子系统

在实时采集计算机（QNX）上运行“轨道检测”程序（轨道检测处理系统）。“轨道检测”程序中参数设置主要包括“检测标准”和“缺省设置”。“轨道检测”程序工作界面如图3-33所示。

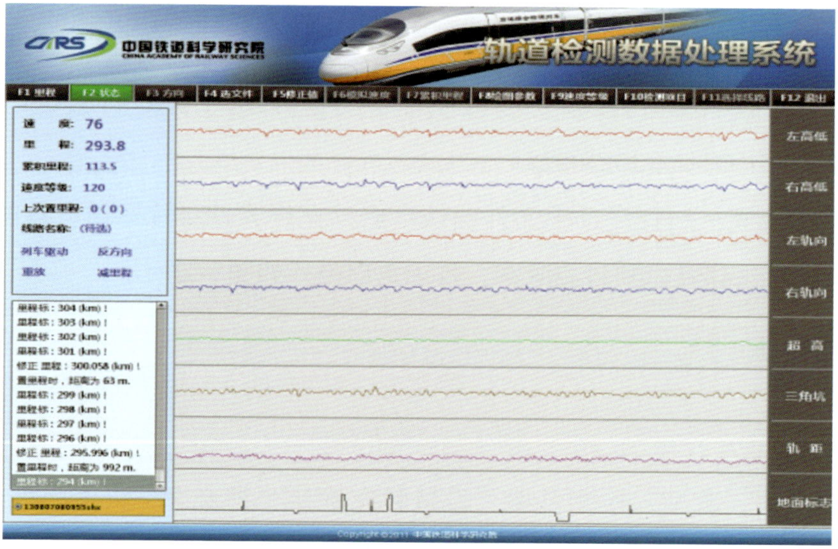

图3-33　QNX中“轨道检测”程序工作界面

（1）轨道检测程序——检测标准设置

检测标准存放在文件“/root/run/g ms.txt”，“cd/root/run”进入正确的路径后，“ped g ms.txt”可修改检测标准。文件g ms.txt内容，如图3-34所示。

如果检测标准改变，可以直接修改上述文件中相应的数值，但注意不要改变文件的格式，以免读文件时发生错误。

（2）轨道检测程序——缺省设置

缺省设置保存在文件“/root/run/ini.txt”中，“cd /root/run”进入正确的路径后，“ped ini.txt”可修改系统的缺省设置。缺省设置关键参数详解，见表3-1。

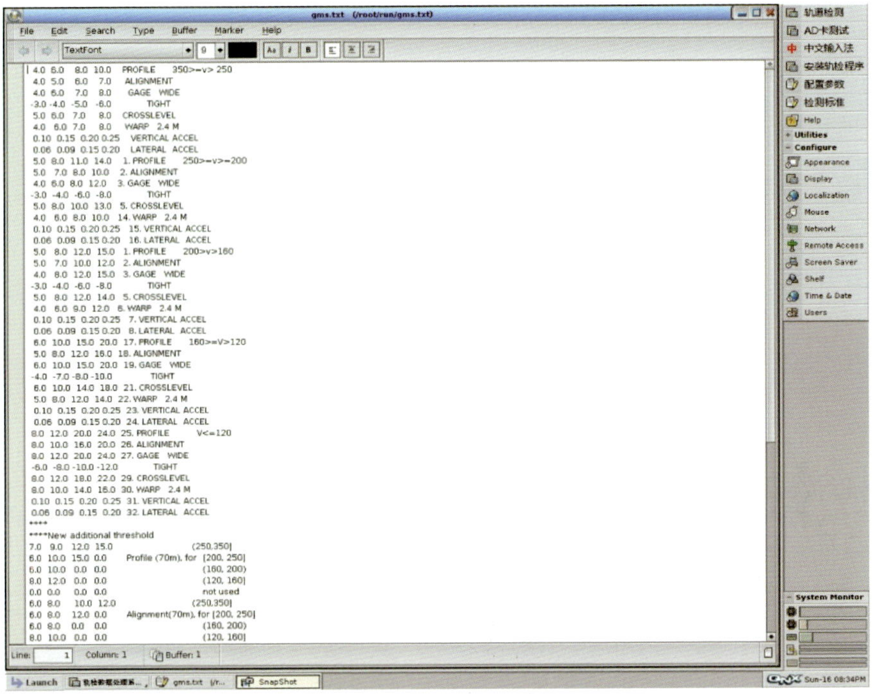

图 3-34 检测标准

表 3-1 关键参数详解

序号	名 称	对应语句	备 注
1	检测等级	TRACK CLASS1（350）～5（120）	
2	TACH值	TACH COUNTS FOOT	
3	轨距、水平偏移值	GAGE OFFSET，CROSSLEVEL OFFSET	
4	轨检位置偏移值	150C：132，380A-001：-36…	此处距离为轨检梁至综合标签阅读器的相对距离，可正可负，根据轨检梁跟标签阅读器在线路上的相对位置决定，轨检梁在大里程位置为正，小里程位置为负
5	调边功能	Unline（不调边）：0； bothline（调边）：1	日常检测：调边 联调联试：不调边

2. 轨距检测子系统

（1）相机标定文件

相机标定文件命名为calA.txt、calB.txt，分别对应左侧、右侧摄像机标定参数，存放位置为C盘根目录下，此参数为重要参数，每次标定完除拷贝至指定位置，需要另行拷贝到F盘存储。

（2）相机配置参数

相机配置参数如图3-35所示，主要调节*X*、*Y*处参数，标准值为576×480。

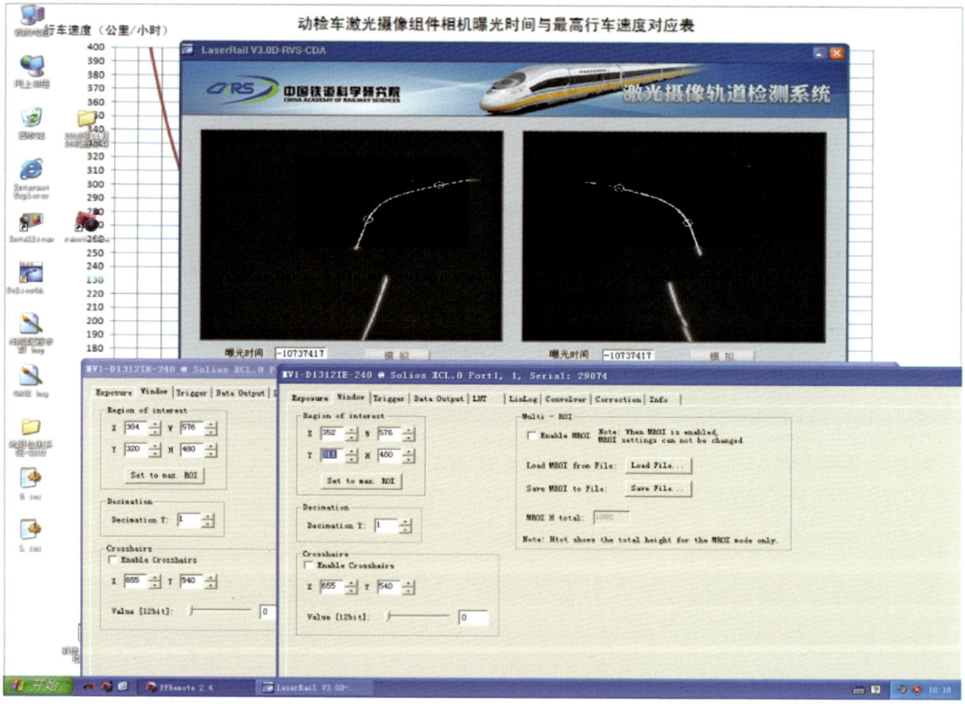

图 3-35　相机配置参数

（3）采集软件配置参数

轨距采集软件界面如图3-36所示，图3-36中所圈1为轨距点参数，静态时需要在配置文件中进行更改，以确保GL、GR显示在零线附近为准。

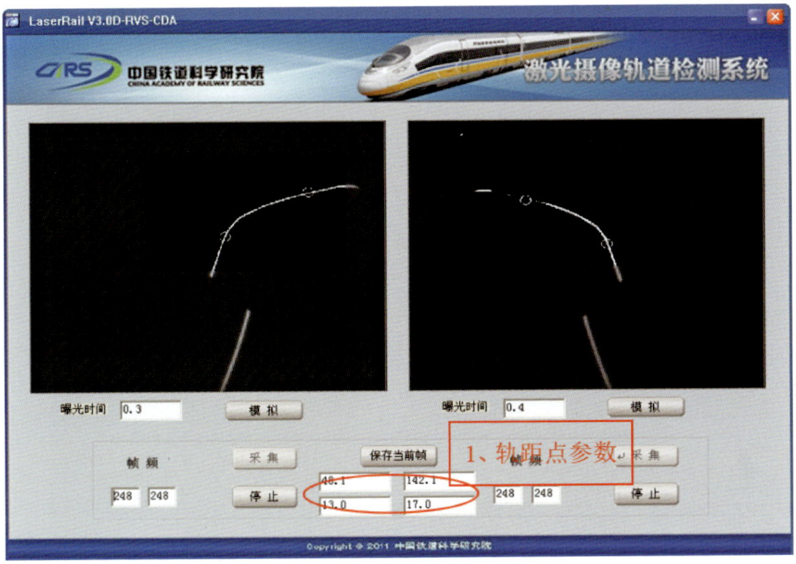

图 3-36　采集软件界面

3. SCU子系统

轨道几何检测系统的信号处理装置型号为SCU-V2，如图3-37所示。为保证检测任务顺利进行，在开始正式检测前，需提前半小时开启系统，通过SCU检查各通道工作电压值是否在规定范围内。

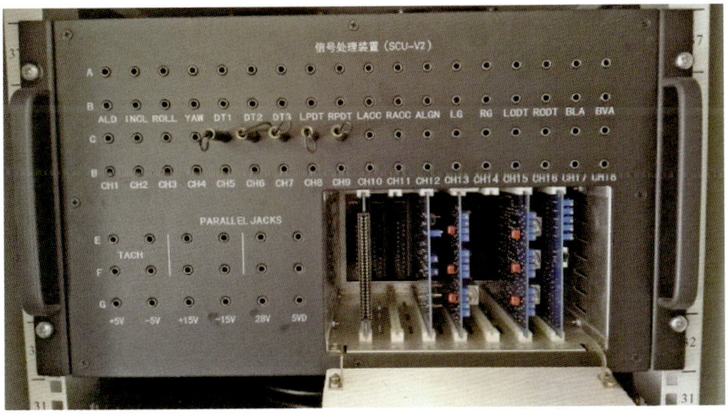

图 3-37　SCU-V2

各板卡电位计如图3-38所示。

图 3-38　SCU 内部板卡电阻示意

其中，R1为增益电阻，R2为调零电阻。

首先检查SCU电源电压是否正常，详见表3-2。

表 3-2　电源电压检查　　V

PATCH PANEL 位置	标　记	误　差	电压范围
G1	+5	±0.05	+4.95～+5.05
G2	-5	±0.05	−5.05～−4.95
G3	+15	±0.25	+14.75～+15.25
G4	-15	±0.25	−15.25～−14.75
G5	+27	±0.50	+26.50～+27.50

检查各传感器状态是否正常，详见《轨检系统维护手册》。确保车辆静止处于平直线路，且空气弹簧处于充满的状态下进行检查，这样可以有效避免由于车辆状态、线路状态引起传感器零点偏移。

检查方法：用万用表监视各传感器通道对应的B排监测口。若监测值在容许范围内，传感器工作正常，若超出该范围，则认为传感器工作不正常。

以LPDT为例，若其B排监测口监测电压为-4～-5 V区间，则传感器工作不正常。此时拉弦位移计可能断裂、未挂钩或线缆导通不良，需要重点检查排除故障，并及时启用备用设备。

3.3 检测标准

3.3.1 检测项目

轨道动态几何不平顺容许偏差是指动态条件下轨道几何不平顺值与标准值的偏差，主要通过轨道检查车或综合检测列车进行检测，按线路允许速度进行评价。检测项目包括高低、轨向、轨距、水平、三角坑、复合不平顺、轨距变化率、车体垂向振动加速度、车体横向振动加速度等。

3.3.2 检测标准

轨道几何状态检测工作中检测标准可分为运营线路检测标准和新建（改建）铁路联调联试（以下称联调联试）验收标准，其区别主要在于引用的依据不同。轨道动态几何不平顺管理分为局部峰值管理和单元均值管理。

1. 运营线路检测标准

运营线路检测标准依据见表3-3，运营线路轨道动态几何不平顺容许偏差管理值见表3-4所示。

表 3-3 轨道状态检测标准

参　数	评判指标 / 要求
局部峰值	TG/GW102—2019《普速铁路线路修理规则》 TG/GW102A—2022《普速铁路线路修理规则补充规定》 TG/GW115—2023《高速铁路线路维修规则》
单元均值	TG/GW102—2019《普速铁路线路修理规则》 TG/GW102A—2022《普速铁路线路修理规则补充规定》 TG/GW115—2023《高速铁路线路维修规则》

表 3-4　运营线路轨道动态几何不平顺容许偏差管理值

线路设计速度等级 /（km·h⁻¹）		v≤80				80＜v≤120				120＜v≤160				160＜v≤200				200≤v≤250				250＜v≤350			
偏差等级		Ⅰ级	Ⅱ级	Ⅲ级	Ⅳ级	Ⅰ级	Ⅱ级	Ⅲ级	Ⅳ级	Ⅰ级	Ⅱ级	Ⅲ级	Ⅳ级	Ⅰ级	Ⅱ级	Ⅲ级	Ⅳ级	Ⅰ级	Ⅱ级	Ⅲ级	Ⅳ级	Ⅰ级	Ⅱ级	Ⅲ级	Ⅳ级
高低 /mm	1.5 ～ 42 m	12	16	24	26	8	12	20	24	6	10	15	20	5	8	12	15	5	8	11	14	4	6	8	10
	1.5 ～ 70 m	—	—	—	—	—	—	—	—	—	—	—	—	6	10	—	—	6	10	15	—	—	—	—	—
	1.5 ～ 120 m	—	—	—	—	—	—	—	—	—	—	—	—	—	—	—	—	—	—	—	—	7	9	12	15
轨向 /mm	1.5 ～ 42 m	10	14	20	23	8	10	16	20	5	8	12	16	5	7	10	12	5	7	8	10	4	5	6	7
	1.5 ～ 70 m	—	—	—	—	—	—	—	—	—	—	—	—	6	8	—	—	6	8	12	—	—	—	—	—
	1.5 ～ 120 m	—	—	—	—	—	—	—	—	—	—	—	—	—	—	—	—	—	—	—	—	6	8	10	12
轨距 /mm		+12 -6	+16 -8	+23 -11	+25 -12	+8 -6	+12 -8	+20 -10	+23 -11	+6 -4	+10 -7	+15 -8	+20 -10	+4 -3	+8 -4	+12 -6	+15 -8	+4 -3	+6 -4	+8 -6	+12 -8	+4 -3	+6 -4	+7 -5	+8 -6
轨距变化率（基长 3 m）/‰		2.0	2.5	—	—	2.0	2.5	—	—	1.5	2.0	—	—	1.2	1.5	—	—	1.0	1.2	—	—	1.0	1.2	—	—
水平 /mm		12	16	22	25	8	12	18	22	6	10	14	18	5	8	12	14	5	8	10	13	5	6	7	8
三角坑 /mm		10	12	16	18	8	10	14	16	5	8	12	14	4	6	9	12	4	6	8	10	4	6	7	8
复合不平顺 /mm		—	—	—	—	—	—	—	—	8	10	—	—	7	9	—	—	7	9	—	—	6	8	—	—
车体垂向振动加速度 /（m·s⁻²）		1.0	1.5	2.0	2.5	1.0	1.5	2.0	2.5	1.0	1.5	2.0	2.5	1.0	1.5	2.0	2.5	1.0	1.5	2.0	2.5	1.0	1.5	2.0	2.5
车体横向振动加速度 /（m·s⁻²）		0.6	0.9	1.5	2.0	0.6	0.9	1.5	2.0	0.6	0.9	1.5	2.0	0.6	0.9	1.5	2.0	0.6	0.9	1.5	2.0	0.6	0.9	1.5	2.0

注：（1）表中各种偏差限值为实际幅值的半峰值；

（2）水平限值不包含曲线按规定设置的超高值及超高顺坡量；

（3）高低和轨向采用对应波长的空间曲线；

（4）复合不平顺特指轨向和水平逆向复合不平顺；

（5）三角坑限值包含缓和曲线超高顺坡造成的扭曲量；

（6）固定型辙叉的有害空间部分不检查轨距、轨向，其他检查项目及检查标准与线路相同；

（7）车体垂向振动加速度采用 20 Hz 低通滤波，车体横向振动加速度采用 0.5 ～ 10 Hz 带通滤波和 10 Hz 低通滤波。

（1）峰值管理

线路各项偏差管理值划分为Ⅰ级为日常保持标准、Ⅱ级为计划维修标准、Ⅲ级为临时补修标准、Ⅳ级为限速标准四级。

各项目偏差扣分标准：Ⅰ级每处扣1分，Ⅱ级每处扣5分，Ⅲ级每处扣100分，Ⅳ级每处扣301分。

局部峰值动态评价以整千米为单位，每千米扣分总数为各级、各项偏差扣分总和。

每千米线路局部峰值动态评定标准：优良——总扣分在50分及以内；合格——总扣分在51～300分；失格——总扣分在300分以上。

（2）均值管理

轨道质量指数（TQI）是线路轨道几何状态单元均值评价指标，轨道质量指数管理值见表3-5。

表 3-5　轨道质量指数管理值

线路速度等级	波长 /m	TQI/mm		
		Ⅰ级	Ⅱ级	Ⅲ级
v≤80 km/h	1.5～42	9	14	15
80 km/h＜v≤120 km/h	1.5～42	7	12	13
120 km/h＜v≤160 km/h	1.5～42	5	9	11
200 km/h＜v≤250 km/h	1.5～42	4	6	7
250 km/h＜v≤350 km/h	1.5～42	3	4	5

TG/GW102A—2022《普速铁路线路修理规则补充规定》和TG/GW115—2023《高速铁路线路维修规则》中细化了TQI评价，TQI按Ⅰ级、Ⅱ级、Ⅲ级进行管理。

Ⅰ级管理值：为大型养路机械捣固维修、无砟轨道成段精调等作业的验收质量管理标准。

Ⅱ级管理值：为安排轨道维修计划的质量管理标准。

Ⅲ级管理值：为保持线路质量稳定均衡，超过时应及时进行维修的质量管理标准。

为充分利用TQI评价指标，促进科学合理安排线路维修，提升线路维护管理水平，对轨道质量指数（TQI）超过Ⅱ级管理值的单元，应纳入维修计划。

2. 联调联试验收标准

新建铁路轨道几何状态联调联试执行动态验收标准，同时，为保证试验安全还应执行控制逐级提速标准。

（1）动态验收标准

动态验收标准采用《高速铁路工程动态验收技术规范》《客货共线铁路工程动态验收技术规范》最新版本中规定的轨道几何状态验收评价标准。

轨道几何状态动态验收采用局部峰值和单元均值两种评价模式。

轨道几何状态动态验收评价管理值详见各“新建铁路联调联试、动态检测及运行试验大纲”中具体要求。

（2）控制逐级提速标准

联调联试逐级提速过程中，应严格控制轨道不平顺出现大值，轨道几何状态检测结果出现Ⅳ级偏差时，则该区段后续试验应降速至低一速度等级试验；若出现Ⅲ级偏差，则该区段应停止更高速度提速试验。当出现Ⅲ、Ⅳ级偏差区段整修后，必须经过静态检查确认和相同速度级复测且未出现Ⅲ、Ⅳ级偏差，该区段方可继续提速。逐级提速控制标准见表3-6。

表 3-6 控制逐级提速轨道状态局部峰值评价允许偏差管理值

线路设计速度等级		v≤80 km/h		80 km/h<v≤120 km/h		120 km/h<v≤160 km/h		160 km/h<v<200 km/h		200 km/h≤v≤250 km/h		250 km/h<v≤350 km/h	
偏差等级		Ⅲ级	Ⅳ级	Ⅲ级	Ⅳ级	Ⅲ级	Ⅳ级	Ⅲ级	Ⅳ级	Ⅲ级	Ⅳ级	Ⅲ级	Ⅳ级
高低/mm	1.5～42 m	24	26	20	24	15	20	12	15	11	14	8	10
	1.5～70 m	—	—	—	—	—	—	—	—	15	—	—	—
	1.5～120 m	—	—	—	—	—	—	—	—	—	—	12	15

续表

轨向/mm	1.5～42 m	20	23	16	20	12	16	10	12	8	10	6	7
	1.5～70 m	—	—	—	—	—	—	—	—	12	—	—	—
	1.5～120 m	—	—	—	—	—	—	—	—	—	—	10	12
轨距/mm		+23 −11	+25 −12	+20 −10	+23 −11	+15 −8	+20 −10	+12 −6	+15 −8	+8 −6	+12 −8	+7 −5	+8 −6
水平/mm		22	25	18	22	14	18	12	14	10	13	7	8
三角坑/mm		16	18	14	16	12	14	9	12	8	10	7	8
车体垂向振动加速度/($m\cdot s^{-2}$)		2.0	2.5	2.0	2.5	2.0	2.5	2.0	2.5	2.0	2.5	2.0	2.5
车体横向振动加速度/($m\cdot s^{-2}$)		1.5	2.0	1.5	2.0	1.5	2.0	1.5	2.0	1.5	2.0	1.5	2.0

3.4 轨道几何检测超限编辑

在轨道几何检测过程中，由于线路设备构造、外界环境干扰等原因引起轨道不平顺异常值，影响了检测系统自动超限判断，在轨道检测作业中要对异常超限数据进行人工编辑。

3.4.1 岔区处异常轨道不平顺编辑

（1）辙叉心处异常轨道不平顺编辑

固定型辙叉，在辙叉心有害空间处，钢轨实际作用边不连续，如图3-39和图3-40所示，GJ-6型轨检系统轨距项目采用图像测量方法，轨距、轨向受道岔结构影响，此部位出现的轨距、轨向、轨距变化率超限在编辑时应予删除，如图3-41所示。

（2）尖轨处异常轨道不平顺编辑

藏尖式尖轨因将尖轨实际尖端藏在基本轨工作边之内，因此改善了车轮与尖轨实际尖端的相互关系，提高了列车运行的安全性。此时基本轨工作

图 3-39　固定型辙叉

图 3-40　固定辙叉有害空间

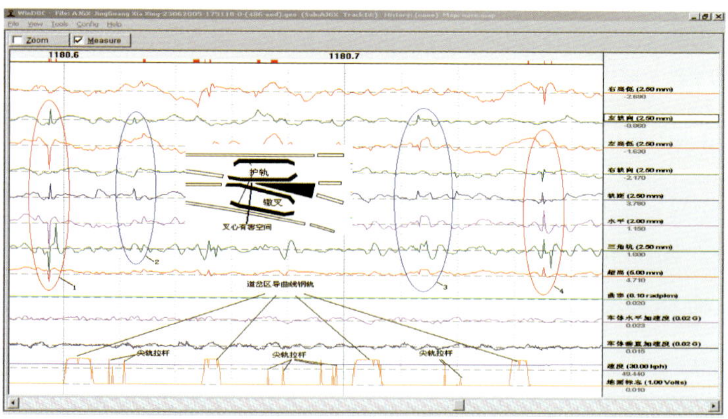

图 3-41　固定辙叉道岔处超限

边会做刨切设计，如图3-42所示，轨检车通过时若尖轨降低值不好，此时会出现轨距变化率，人工编辑时要结合车体横向振动加速度反映进行识别。

藏尖式尖轨与基本轨不密贴，轨检车通过时检测出的小轨距超限，应予保留。

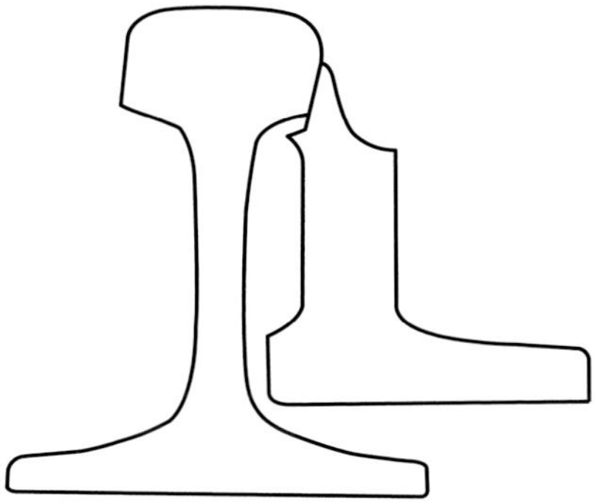

图 3-42　藏尖式尖轨

BWG 18号（CN-6118）和BWG 42号（CN-6142）道岔，采用了动态轨距优化（FAKOP）技术。尖轨处设计了轨距加宽量。BWG 18号道岔的轨距加宽从第3号轨枕开始，到第39号轨枕加宽结束，长度约22 m，最大加宽量15 mm。42号道岔的轨距加宽从第2号轨枕开始，到第74号轨枕加宽结束，长度约43 m，最大加宽量15 mm，如图3-43和表3-7所示。

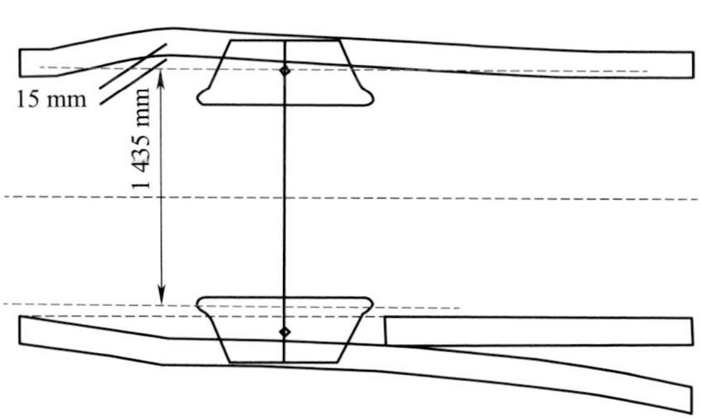

图 3-43　加宽示意

表 3-7　BWG 道岔轨距加宽值

mm

轨枕编号	轨距	轨枕编号	轨距	轨枕编号	轨距	轨枕编号	轨距	轨枕编号	轨距
18号道岔转辙器轨距加宽值									
1	1 435	9	1 444.9（1 445.9）	17	1 447.5	25	1 442.8	33	1 438.1
2	1 435	10	1 446.6（1 446.8）	18	1 446.9	26	1 442.2	34	1 437.5
3	1 435.1	11	1 448.3	19	1 446.3	27	1 441.6	35	1 436.9
4	1 437.9	12	1 449.8	20	1 445.7	28	1 441	36	1 436.3
5	1 442.5	13	1 449.8	21	1 445.1	29	1 440.4	37	1 435.7
6	1 439.8（1 443.3）	14	1 449.2	22	1 444.5	30	1 439.8	38	1 435.2
7	1 441.4（1 444.2）	15	1 448.6	23	1 443.9	31	1 439.3	39	1 435.1
8	1 443.1（1 445.0）	16	1 448.1	24	1 443.4	32	1 438.7		
42号道岔转辙器轨距加宽值									
1	1 435	16	1 444.5	31	1 448.9	46	1 444.1	61	1 439.2
2	1 435.1	17	1 444.9	32	1 448.6	47	1 443.7	62	1 438.9
3	1 435.4	18	1 445.4	33	1 448.3	48	1 443.4	63	1 438.5
4	1 436.7	19	1 445.9	34	1 447.9	49	1 443.1	64	1 438.2
5	1 438.1	20	1 446.4	35	1 447.6	50	1 442.8	65	1 437.9
6	1 439.6	21	1 447.0	36	1 447.3	51	1 442.4	66	1 437.6
7	1 441.2	22	1 447.7	37	1 447.0	52	1 442.1	67	1 437.2
8	1 442.8	23	1 448.4	38	1 446.6	53	1 441.8	68	1 436.9
9	1 442.9	24	1 449.0	39	1 446.3	54	1 441.5	69	1 436.6
10	1 443.0	25	1 449.6	40	1 446.0	55	1 441.1	70	1 436.3
11	1 443.1	26	1 449.9	41	1 445.7	56	1 440.8	71	1 435.9
12	1 443.3	27	1 450.0	42	1 445.4	57	1 440.5	72	1 435.6
13	1 443.5	28	1 449.9	43	1 445.0	58	1 440.2	73	1 435.3
14	1 443.8	29	1 449.6	44	1 444.7	59	1 439.8	74	1 435.1
15	1 444.1	30	1 449.2	45	1 444.4	60	1 439.5		

这些轨距加宽超限，在波形图上反应明显，如图3-44和图3-45所示。对于这种原因引起的轨距、轨向、轨距变化率超限，应结合设计的轨距加宽量判断后进行人工编辑。

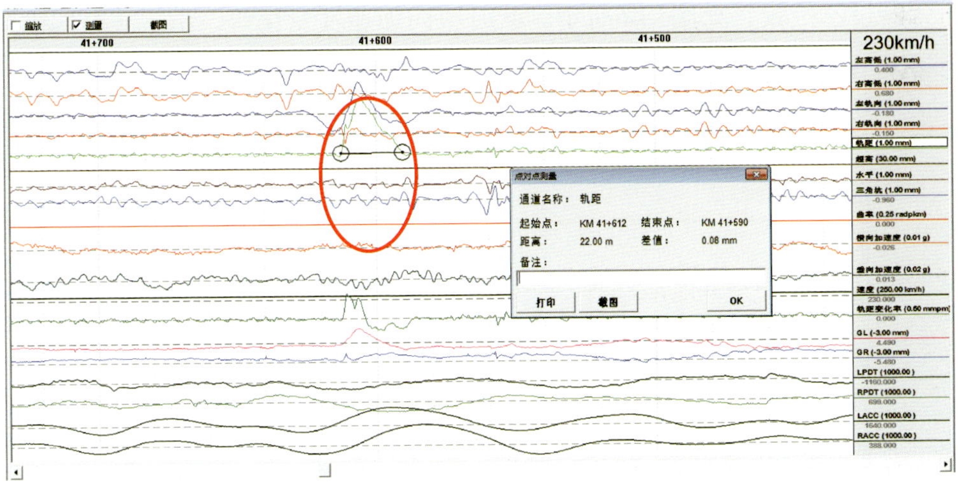

图 3-44　BWG 18 号道岔轨距加宽波形

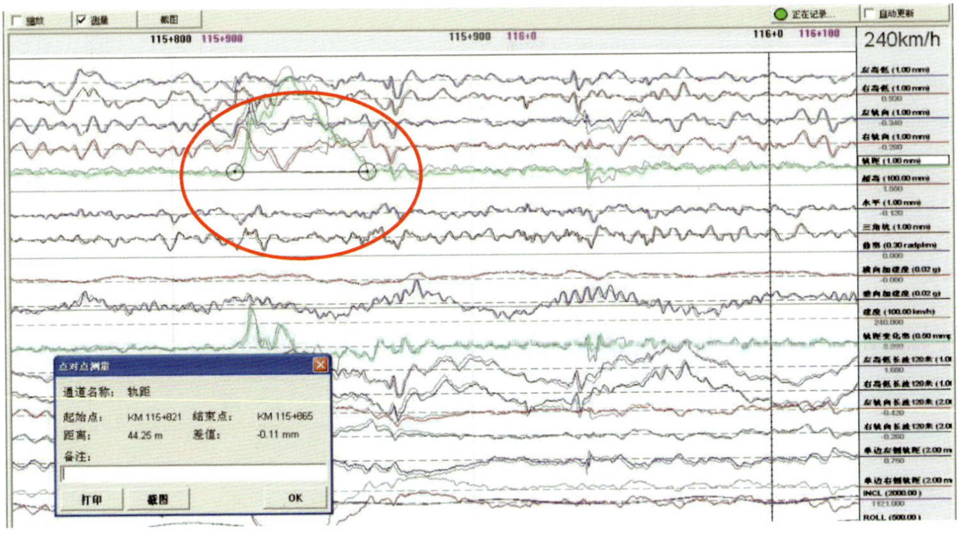

图 3-45　BWG 42 号道岔轨距加宽波形

3.4.2 低速侧向通过道岔引起的轨向超限编辑

轨检车侧向低速通过道岔导曲线时，导曲线半径一般较小，由于导曲线不设超高，超高通道信号小，曲率信号较大，结合ALD信号能容易定位出侧向过岔位置，如图3-46所示。此时轨向加速度变化快，由于滤波原因导曲线部分当作轨向输出。因此，低速侧向通过道岔时的轨向超限应予人工编辑。

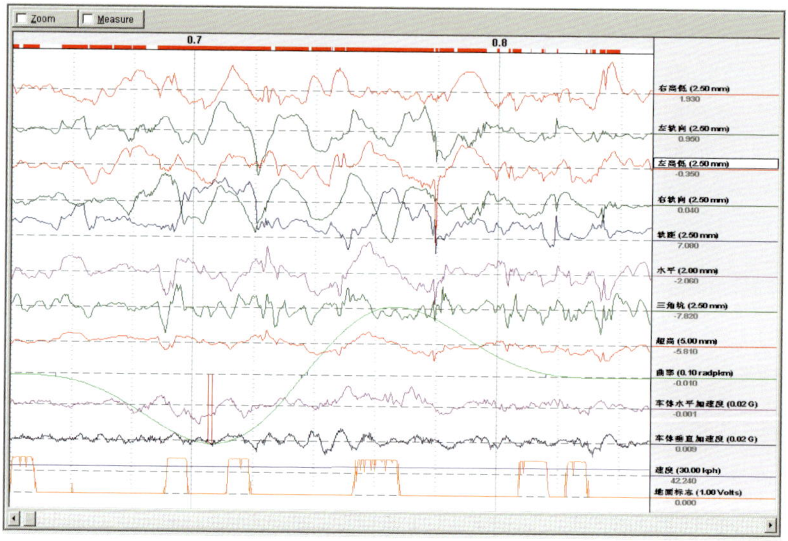

图 3-46 低速侧向道岔

道岔侧向通过允许速度见表3-8。

表 3-8 道岔侧向通过速度

道岔号 N	侧向允许通过速度 / ($km \cdot h^{-1}$)
9	30
12	45
18	80
42	160
62	220

3.4.3 普速线路小半径曲线轨距编辑

依据TG/GW102—2019《普速铁路线路修理规则》，295 m>R≥245 m的小半径曲线轨距加宽5 mm，245 m>R≥195 m的小半径曲线轨距加宽10 mm，R<195 m的小半径曲线轨距加宽15 mm。轨检车在检测小半径曲线时，轨检系统根据测量的曲率自动识别曲线半径，根据半径大小考虑扣除曲线轨距加宽量，然后再进行超限判断。当检测系统把295 m>R≥245 m的曲线识别为295 m半径以下的曲线时，轨距会扣除曲线轨距加宽量，误判为小轨距，而波形图上轨距为实际轨距偏差，没有扣除曲线轨距加宽量的影响。因此，编辑时应结合线路台账信息，核对曲线里程进行人工编辑。

3.4.4 检测设备故障引起的孤立超限判断方法

孤立的轨道不平顺主要因为图像干扰引起，一般由于只是单侧钢轨断面受到干扰，其特征主要表现为轨距、水平、三角坑和单侧高低和轨向同时出现尖刺，而对应的加速度信号并无明显反应，这种超限应进行人工编辑，如图3-47所示。

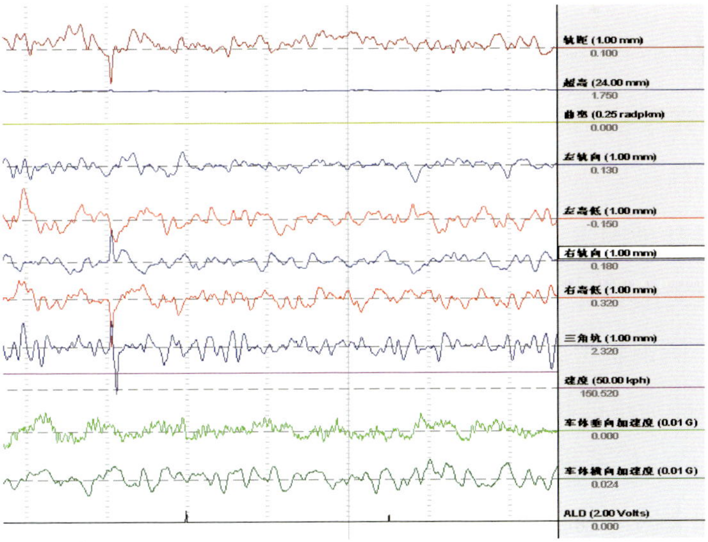

图 3-47 孤立不平顺异常超限

3.4.5 车体振动加速度辅助判断方法

一般大的轨道不平顺都可能引起较大的车体振动加速度响应，但受列车速度影响，不同波长的轨道不平顺在不同速度下引起的车体振动加速度也不相同。一般情况下高低和车体垂向振动加速度、轨向和车体横向振动加速度相关性较好，特别是轨道不平顺波长与车体敏感波长（与速度有关）一致时，轨道不平顺与车体振动加速度能一一对应，只是相位不同，如图3-48所示。

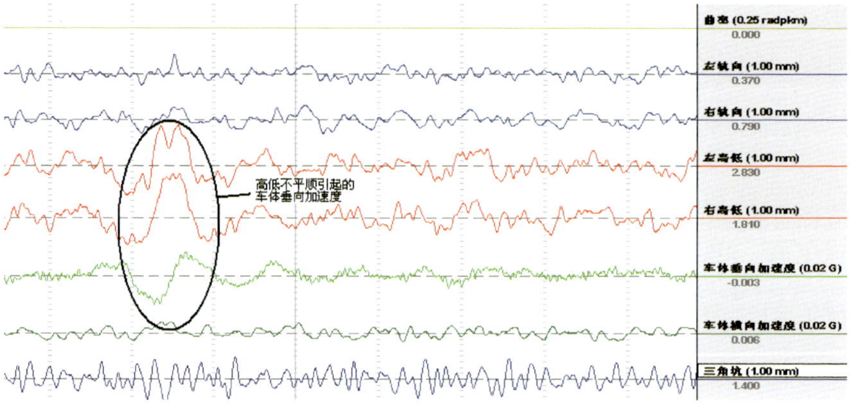

图 3-48 高低不平顺引起的车体垂向振动加速度

3.4.6 阳光干扰

GJ-5型轨检系统采用图像测量方法，当阳光照射在激光切割断面上时，将引起图像处理困难，很难识别实际的钢轨轮廓，高低、轨向、水平、三角坑、轨距变化率项目检测波形出现剧烈变化，如图3-49所示。这种情况一般发生在单侧钢轨上，此时应进行人工编辑，如果干扰持续时间较长，应关闭相应检测通道的超限判断。

GJ-6A型轨检系统只有轨距项目采用了图像测量方法，当阳光照射在激光切割断面上时，将引起图像处理困难，使得轨距、轨向、轨距变化率项目检测波形出现剧烈变化，遇到这种情况应进行人工编辑，如果干扰持续时间较长，应关闭相应检测通道的超限判断。

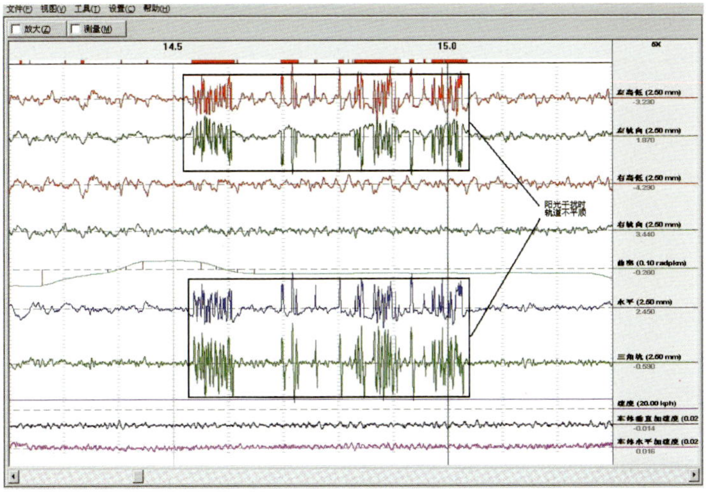

图 3-49 阳光干扰

3.4.7 其他干扰

对于采用图像测量的轨道检测系统，因挂纸、泥沙、雪、钢轨打磨等干扰激光或图像正常采集，波形产生异常，这种情况为表现单侧钢轨出现异常不平顺波形，此时应进行人工编辑。如图3-50和图3-51所示。

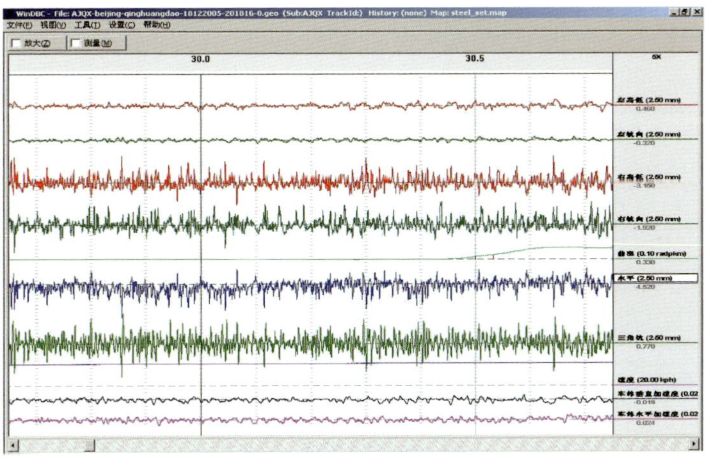

图 3-50 挂纸干扰

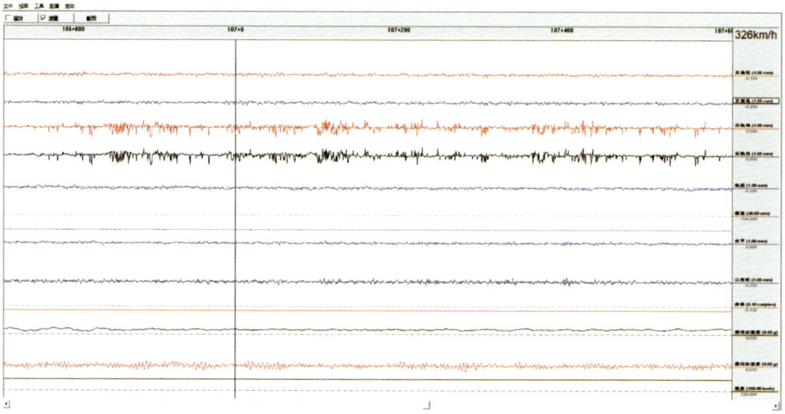

图 3-51　钢轨打磨

3.4.8　TQI编辑规则

每200 m区段为一个TQI计算单元，如果该单元内包含以下情况，应对该TQI单元进行人工编辑。

加宽道岔，如图3-52所示。

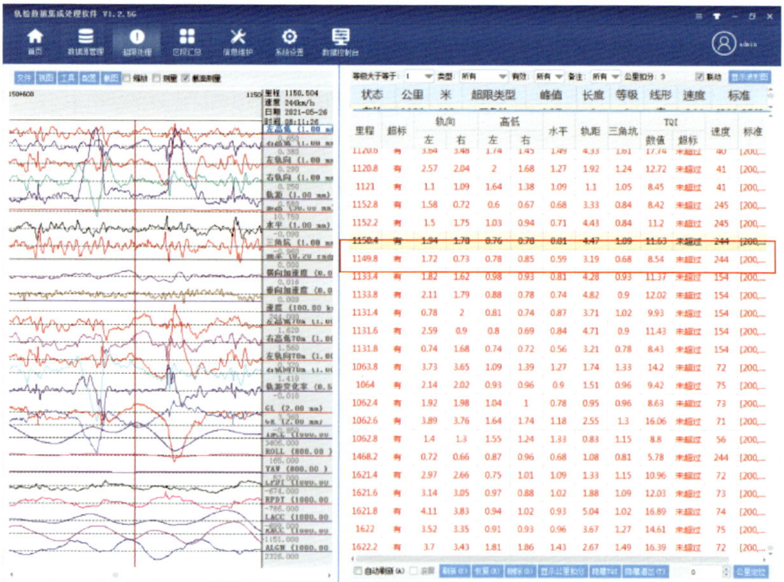

图 3-52　加宽道岔 TQI 编辑

设备故障，导致高低、轨向、轨距、水平、三角坑单项或多项连续干扰，如图3-53所示。

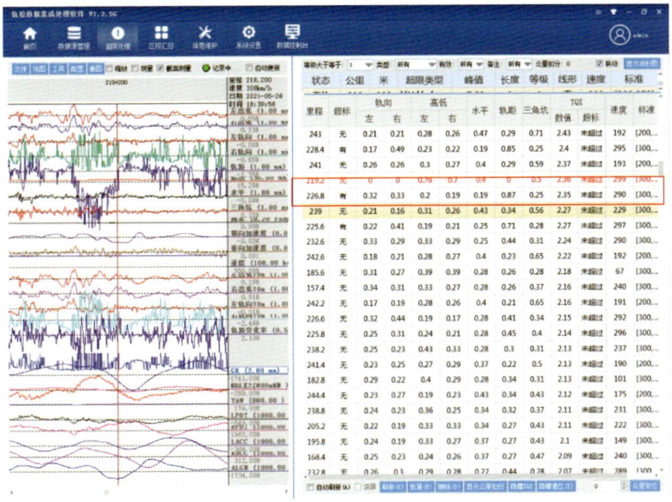

图 3-53　设备干扰区段 TQI 编辑

雨、雪、阳光等干扰，导致高低、轨向、轨距、水平、三角坑单项或多项连续干扰，如图3-54所示。

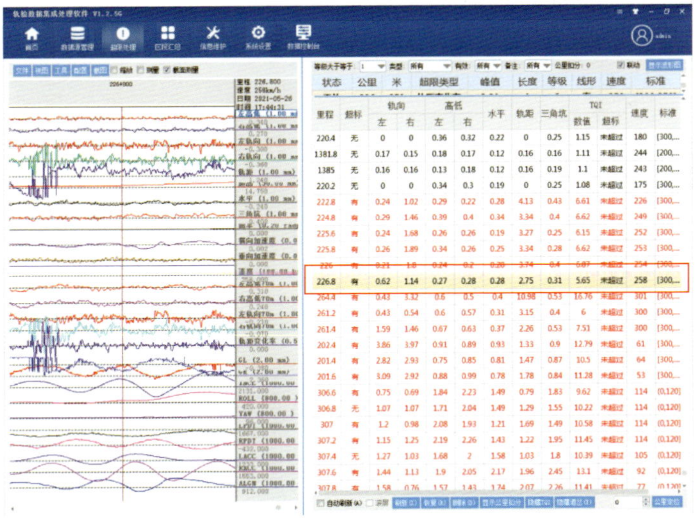

图 3-54　干扰区段 TQI 编辑

低速区段，如图3-55所示。

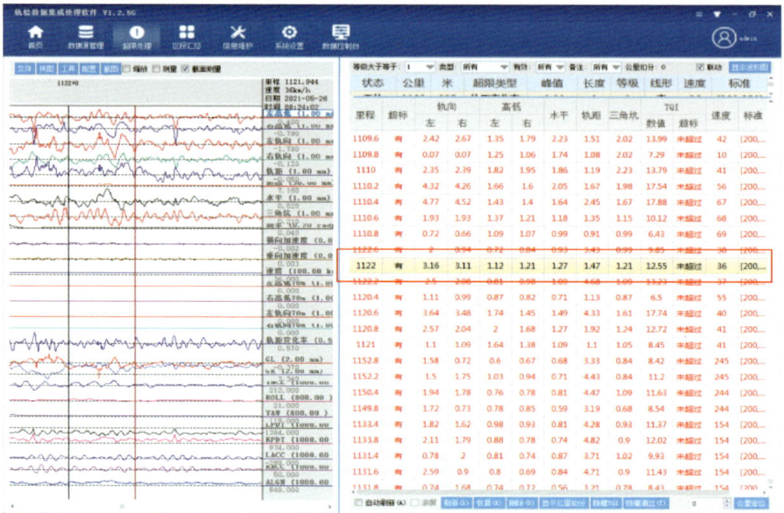

图 3-55　低速区段 TQI 编辑

侧向进出站及站线，如图3-56所示。

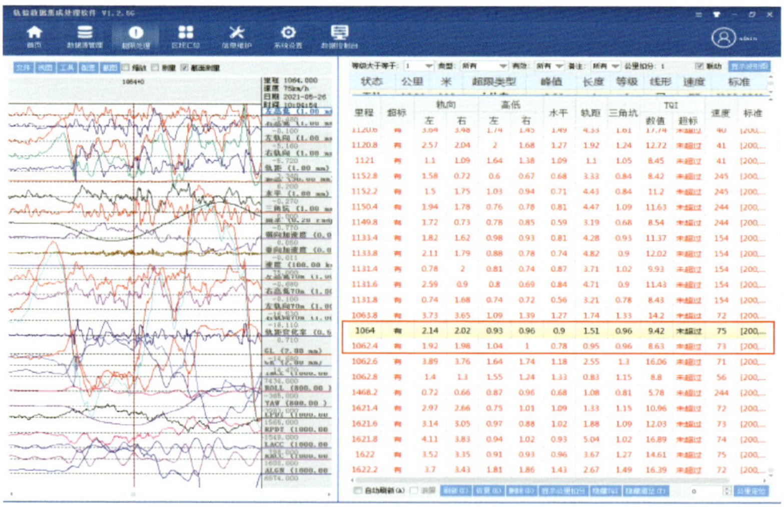

图 3-56　侧向进出站 TQI 编辑

除以上情况外，TQI超标单元都要保留。

3.5 病害识别

3.5.1 大值处置

轨道检测作业，按检测业务内容的不同，大值处置分为：综合检测大值偏差处置和轨道检查车大值偏差处置。它们的区别在于大值偏差处置的依据文件、标准不同。（下面以轨道检查车大值偏差处置为例说明）

1. 轨道检测大值偏差处置

轨道检查车大值偏差处置的依据是TG/GW 102—2019《普速铁路线路修理规则》轨道检查车运用规定的相关要求。国铁集团与路局轨道检查车大值处置区别见表3-9。

表 3-9 轨道检查车大值偏差国铁集团与路局轨道检查车处置区别

项　　目	国铁集团轨道检查车		路局轨道检查车
	Ⅲ级及以上偏差	Ⅳ级偏差和重复Ⅲ级偏差	Ⅲ级及以上偏差
第一步，判断确认	轨检负责人		轨检负责人
第二步，通知	铁路局工电部	国铁集团	工务段、铁路局工电部
第三步，数据发放	添乘人员签字		添乘人员签字
第四步，大值反馈	铁路局工电部应在24小时内上传至铁路基础设施检测中心		工务段及时上报至铁路局工电部
第五步，月报	铁路基础设施检测中心向国铁集团提报轨道检查车检查分析报告		铁路局向国铁集团提报路局检测结果

（1）处置内容：Ⅳ级、Ⅲ级偏差。

（2）责任人员：轨检负责人。

（3）处置方式：轨检负责人通知相应路局随车添乘人员，并以电话方式通知调度、国铁集团。

（4）处置措施：当值机检测人员发现大值偏差，经轨检负责人确认无误后在数据发放记录本上登记，立即使用GSM-R电话通知铁路局工务专业调度并要求路局随车添乘人员在记录本上签字确认；对于Ⅳ级偏差或者重复Ⅲ级偏差，国铁集团轨道检查车检查轨检负责人并通知国铁集团。

（5）处置记录：处置记录包括不限于纸质记录、通话录音、过程录像等，保存期限8年。

2. 轨道偏差静态复核

轨道偏差静态复核项目包括高低、轨向、轨距、水平、三角坑、车体垂向振动加速度、车体横向振动加速度。当检测项目超过动态管理值时，应及时进行现场静态复核，制定偏差整治方案，防止偏差超限劣化发展。

（1）偏差里程定位方法

①直接复核法。

根据轨检波形图和三级、四级超限报表所提供的偏差里程，直接在现场复核。这种方法适用于现场病害明显，超限项目单一的偏差。

②特征点复核法。

利用轨检波形图提供的公里标（最近校对的里程）、曲线要素（ZH/HZ点）、道岔、桥梁、轨距拉杆等ALD特征，推算出与需复核超限偏差的相对距离。在现场复核时，先找到上述特征点里程，再根据轨检波形图的相对位置，确定偏差点的里程，进行复核查找。

③参照复核法。

在现场复核偏差时，可先找出幅值较大的、明显的、比较容易确定的偏差点（如高低、方向等）里程，再在轨检波形图上根据偏差病害点之间相对位置，在地面上查找复核。现场复核偏差时，上述三种方法可穿插交替使用，快速定位偏差里程。

（2）偏差复核工具

轨道偏差静态复核常用的检查工具包括轨距尺、弦线、钢板尺、支距尺、塞尺、记录纸笔、轨道检查仪等，如图3-57～图3-60所示。

图 3-57　轨距尺

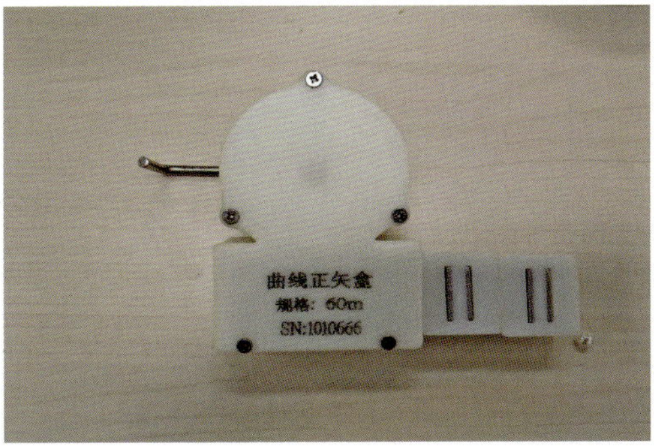

图 3-58　弦线

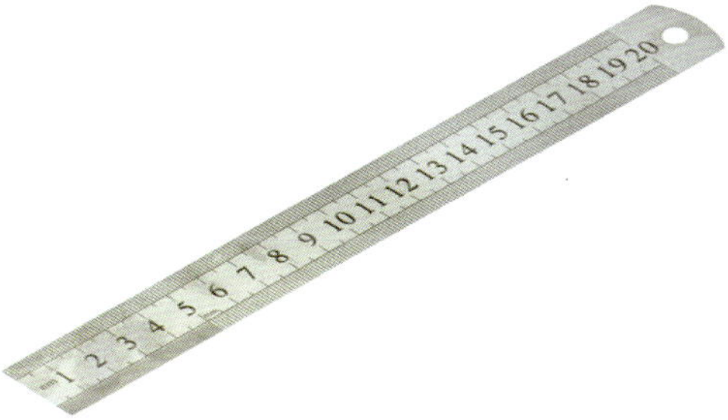

图 3-59　钢板尺

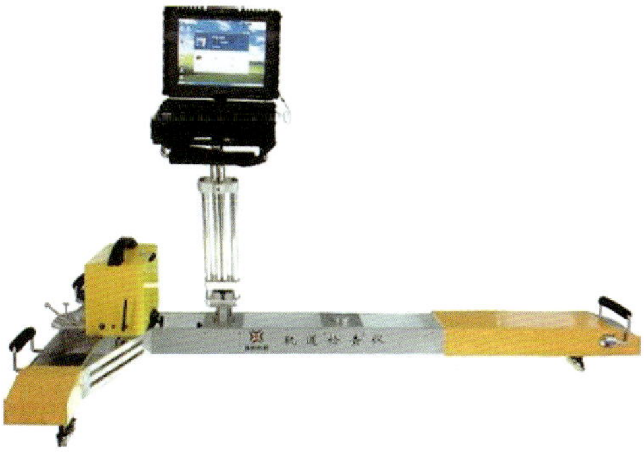

图 3-60　轨道检查仪

（3）偏差超限现场查找方法

①轨距、轨距变化率超限查找：按定位后偏差位置，用轨距尺对前后50 m范围内的线路轨距进行逐根测量，并将测量结果用石笔记录在轨枕和线路检查记录本上。

②轨向超限查找：按定位后偏差位置，采用弦线检查线路轨向的方法，在超限的前后钢轨内侧拉10 m长的弦线，在钢轨顶面下方16 mm处测量轨头与弦线间的水平距离，确定超限处所。曲线地段用20 m弦测量曲线正矢，找出超限处所。

③高低超限查找：按定位后偏差位置，采用弦线检查线路高低的方法，对偏差位置的前后钢轨顶面用10 m弦量取最大矢度，确定超限处所。

④水平、三角坑超限查找：按定位后偏差位置，在超限地点前后50 m，用轨距尺逐根测量两股钢轨水平，并将检查结果写在轨底或轨枕面上。直线地段钢轨水平按0水平标准、曲线地段按计划超高为标准。

三角坑按前后一定范围内的水平（+）、（−）值相加确定三角坑偏差。

水平病害不仅表现为静态时的水平误差，更多的表现因为轨道存在暗坑、吊板而造成的水平误差。目前，暗坑、吊板只有在动态下才能准确测得，所以应充分利用检查资料进行整治。

⑤车体垂向加速度和车体横向水加超限查找：车体垂向加速度超限，可从高低、水平、焊缝、捣固与非捣固连接处、线-桥-涵过渡段等方面进行查找。车体横向加速度超限，可从轨距、轨向、一侧水平加空吊板等方面，分析超限产生的原因。

静态复核检查数据要详细记录，认真分析，如确认已经找到真实缺陷地点，则可以据此进行设计调整方案或整治，否则，应继续扩大检查范围，继续检查，直至找到为止。

除人工静态复核检查外，为提高静态复核效率，对于高速铁路以及夜间天窗作业的区段，还可以采用轨道检测仪等工具对现场进行复核检查，具体作业方法参见《线路静态检查作业标准》。

3.5.2 偏差识别

1. 高低大值偏差

××年××月××日，高速综合检测列车检测××高铁上行线时，在K×××+×××处发现左、右高低2处Ⅲ级偏差，峰值分别为9.03 mm、9.46 mm。与历史月份检测波形对比分析可以看出，左右高低不平顺较上月有明显突变，车体垂向振动加速度也有响应，如图3-61所示。

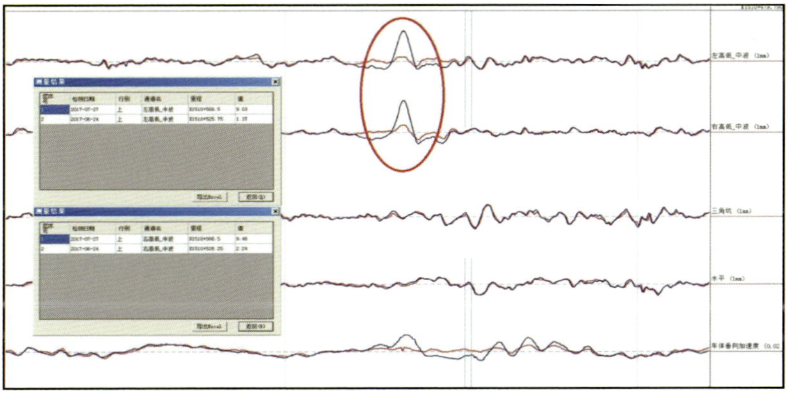

图 3-61 左、右高低Ⅲ级偏差

现场反馈：该超限位于××站×号道岔，双块式无砟轨道与博格板式道岔过渡段。由于持续高温，道床板与支承层间离缝上拱，引起高低超限。管辖单位利用天窗时间对现场进行精测与结构检查，经过轨道几何尺寸精调，恢复线路平顺性。

××年××月××日，高速综合检测列车检测××高铁上行时，在K×××+×××处发现三角坑、右高低两处Ⅳ级偏差，水平和长波右高低两处Ⅲ级偏差。与历史月份检测波形对比分析，可以看出左、右高低幅值较上月有明显恶化，其中，右高低幅值的增加幅度最大，导致水平、高低、三角坑等项目达到Ⅲ级、Ⅳ级偏差，如图3-62所示。

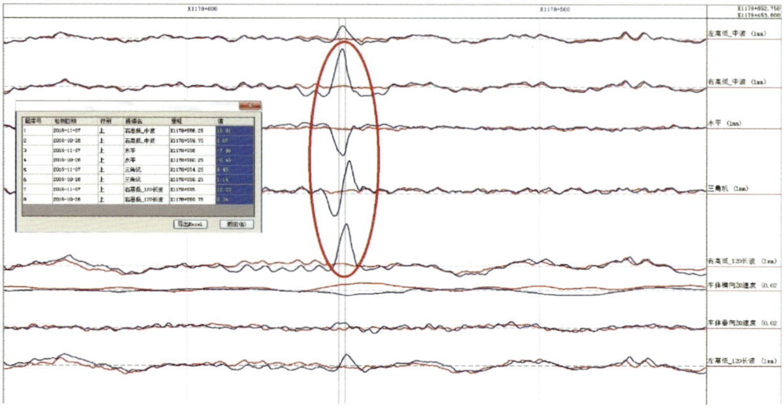

图 3-62　右高低、三角坑Ⅳ级偏差

现场反馈：由于轨道板2号承轨台下方桥梁吊装孔内积冰冻胀，引起高低变化。现场采取钻孔、融冰的方式进行处理，处理后轨道板2号承轨台水平-4.7 mm，下降了3.3 mm。

偏差特征：冬季寒冷地区冻胀病害在无砟轨道中易出现在路基地段，在有砟轨道中易出现在涵洞排水不良等处所；若桥梁等结构物的孔隙处如存在积水，在冬季低温情况下也可能发生冻胀，进而影响轨道几何变化。

2. 轨距大值偏差

××年××月××日，高速综合检测列车检测××线下行时，在K×××+×××处发现小轨距Ⅳ级偏差，峰值-10.55 mm。与历史月份的检测波形对比分析可以看出，当月左轨向和轨距幅值均有明显增大，产生小轨距偏差，如图3-63所示。

现场反馈：此处偏差位于道岔上，由于道岔受降温影响，限位器顶死，造成道岔不方和尖轨横弯，引起轨道几何不平顺。

偏差特征：由于气温变化影响，道岔限位器发生顶死、尖轨位移不足时易造成造小轨距偏差。

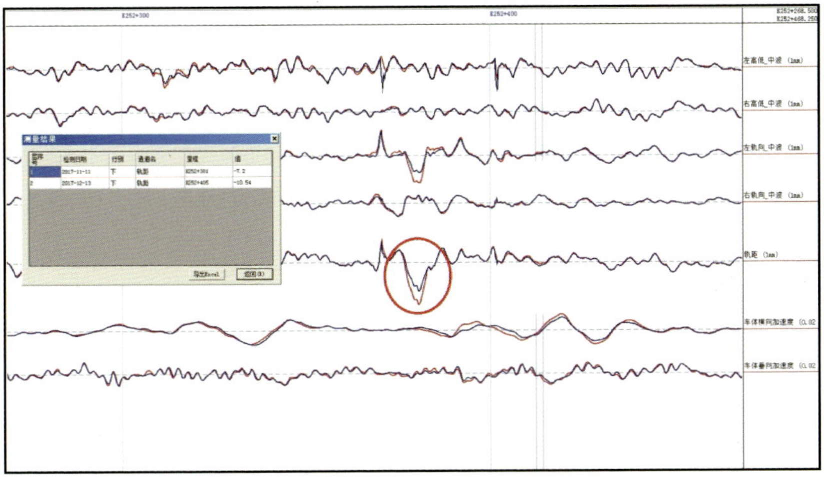

图 3-63　小轨距Ⅳ级偏差

3. 三角坑大值偏差

××年××月××日，高速综合检测列车检测××线下行时，在K×××+×××处发现三角坑Ⅲ级偏差，峰值9.3 mm。与历史月份检测波形对比分析可以看出该处不平顺持续恶化，左右高低较历史月有明显增大，其中右高低增幅较大，导致该处三角坑超限，如图3-64所示。

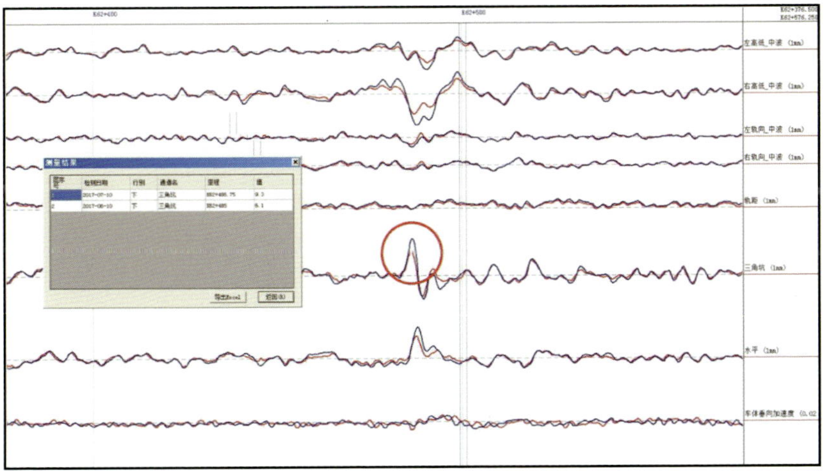

图 3-64　三角坑Ⅲ级偏差

现场反馈：该超限位于涵洞涵背填土地段，现场静态检查最大三角坑6.4 mm。

偏差特征：三角坑不平顺又叫扭曲不平顺，用相隔一定距离的两个横截面水平幅值的代数差度量。主要发生在软硬路基结合部、桥头、隧道口以及道岔心轨垂磨部位。

4. 车体横向振动加速度大值偏差

××年××月××日，高速综合检测列车检测××客专上行时，在K×××+×××处发现车体横向振动加速度Ⅲ级偏差，峰值0.16*g*。通过两次检测波形对比分析可以看出，从K×××+×××开始存在具有明显谐波特征的连续多波车体横向振动加速度，而长波70 m轨向在此前正好达到峰值，判断为长波70 m轨向引起的轨道不平顺，如图3-65所示。

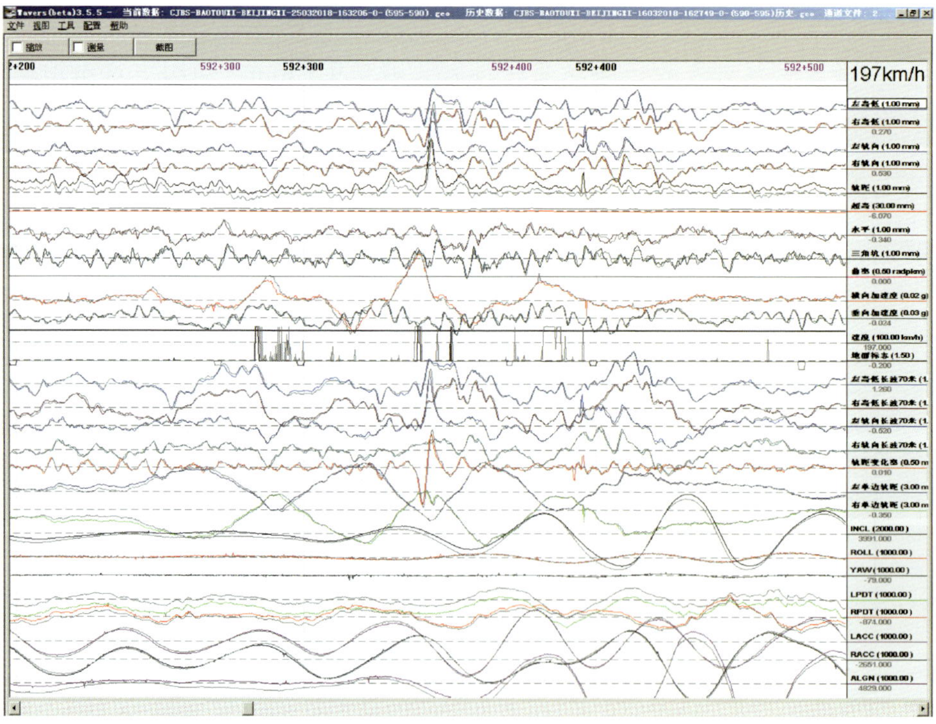

图 3-65　车体横向振动加速度Ⅲ级超限

现场反馈：对K×××+×××道岔及前后线路按5 m点进行平纵断面测量，平面测量线路70 m波长最大峰值7 mm，高程测量线路70 m波长最大峰值5 mm。

偏差特征：车体横向振动加速度与轨向不平顺、复合不平顺有直接关系，同时受车速、超高、曲线半径影响。

5. 车体垂向振动加速度大值偏差

××年××月××日，高速综合检测列车检测××客专上行时，在K×××+×××处发现车体垂向振动加速度Ⅲ级偏差，峰值−0.21*g*。通过结合台账分析检测波形可以看出，该偏差发生在上行线隧道内，左、右高低均存在明显不良，检测车高速通过，导致车体垂向振动加速度超限，如图3-66所示。

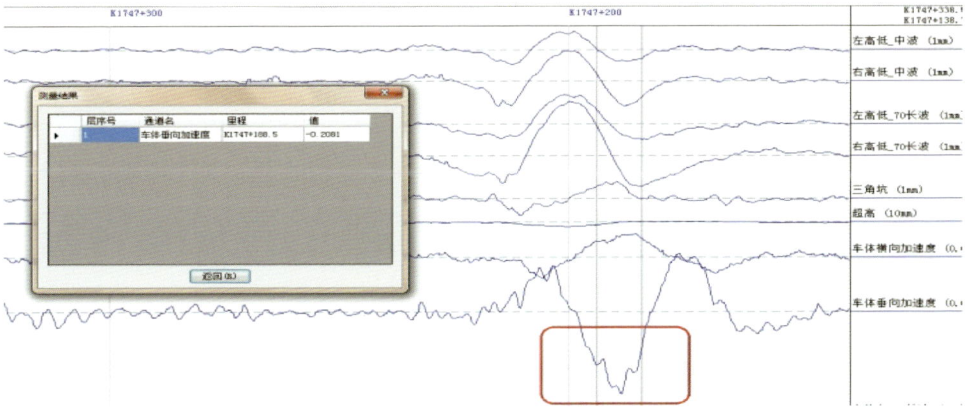

图 3-66 车体垂向振动加速度Ⅲ级超限

现场反馈：对车体垂向振动加速度现场复核，高低4 mm，水平最大6.2 mm，下行波形图对应位置长波高低不良，最大水平−5.0 mm。

偏差特征：车体垂向振动加速度与高低、水平及三角坑不平顺有直接关系，同时受车速影响。

3.6 报表解析

3.6.1 轨道检测报告

轨道检测报告是以统计的方式对线路状态的各项偏差情况展现，如图3-67所示。

轨 道 检 测 报 告

检测车号：CRH380AJ-2818

线路名称：京包客专上行

区段名称：张家口工务段

检测里程：K132.974～K239.058

编写人员：

审核人员：

检测日期：2020.07.29

报告日期：2021.08.04

基础设施检测实验部

图 3-67　轨道检测报告

3.6.2 公里小结

以公里为单元对偏差数据进行统计，包括里程、偏差类型、等级、个数、公里扣分和长度等统计信息，如图3-68所示。

公里	检测长度	高低				轨向				轨距				水平				三角坑				垂向加速度				横向加速度				长…
		4	3	2	1	4	3	2	1	4	3	2	1	4	3	2	1	4	3	2	1	4	3	2	1	4	3	2	1	4
200	1000	0	0	0	0	0	0	0	0	0	0	0	0	0	0	0	0	0	0	0	0	0	0	0	0	0	0	0	4	0
201	1000	0	0	1	7	0	0	0	2	0	0	0	1	0	0	0	1	0	0	0	0	0	0	0	0	0	0	0	3	0
202	1000	0	0	0	2	0	0	0	0	0	0	0	0	0	0	0	0	0	0	0	0	0	0	0	0	0	0	0	10	0
203	1000	0	0	1	7	0	0	0	2	0	0	0	0	0	0	0	1	0	0	0	0	0	0	0	0	0	0	0	4	0
204	1000	0	0	0	0	0	0	0	0	0	0	0	0	0	0	0	0	0	0	0	0	0	0	0	0	0	0	0	0	0
205	1000	0	0	0	1	0	0	0	0	0	0	0	0	0	0	0	0	0	0	0	0	0	0	0	0	0	0	0	0	0
206	1000	0	0	0	0	0	0	0	0	0	0	0	0	0	0	0	0	0	0	0	0	0	0	0	0	0	0	0	0	0
207	1000	0	0	0	0	0	0	0	0	0	0	0	0	0	0	0	0	0	0	0	0	0	0	0	0	0	0	0	0	0
208	1000	0	0	0	0	0	0	0	0	0	0	0	0	0	0	0	0	0	0	0	0	0	0	0	0	0	0	0	0	0
209	1000	0	0	0	0	0	0	0	0	0	0	0	0	0	0	0	0	0	0	0	0	0	0	0	0	0	0	0	0	0
210	1000	0	0	0	0	0	0	0	0	0	0	0	0	0	0	0	1	0	0	0	1	0	0	0	0	0	0	0	0	0
211	1000	0	0	0	0	0	0	0	0	0	0	0	0	0	0	0	0	0	0	0	0	0	0	0	0	0	0	0	3	0
212	1000	0	0	0	0	0	0	0	0	0	0	0	0	0	0	0	0	0	0	0	2	0	0	0	0	0	0	0	1	0
213	1000	0	0	0	0	0	0	0	0	0	0	0	0	0	0	0	0	0	0	0	0	0	0	0	0	0	0	0	1	0
214	1000	0	0	0	1	0	0	0	0	0	0	0	0	0	0	0	0	0	0	0	0	0	0	0	0	0	0	0	0	0
215	1000	0	0	2	5	0	0	0	0	0	0	0	13	0	0	0	0	0	0	0	2	0	0	0	0	0	0	0	2	0

汇总 | 一级超限 | 二级超限 | 三四级超限 | 二级舒适性指标 | 曲线摘要 | TQI | 第三轨超限 | 公里小结 | T值 | 区段总结 | 断面磨耗 | 断面磨耗汇总 | 波浪磨耗 | 公里扣分·里程分布图 | 公里扣分·频数分布图 | 扣分比例图 | TQI·里…

三角坑		垂向加速度				横向加速度				长波长高低				长波长轨向				曲率变化率		轨距变化率		横加变化率		复合不平顺		公里扣分	通过速度
2	1	4	3	2	1	4	3	2	1	4	3	2	1	4	3	2	1	2	1	2	1	2	1	2	1		
0	0	0	0	0	0	0	0	0	4	0	0	0	0	0	0	0	0	0	0	0	1	0	0	0	0	5	63
0	0	0	0	0	0	0	0	0	3	0	0	0	0	0	0	0	0	0	0	1	4	0	0	0	0	28	43
0	0	0	0	0	0	0	0	0	10	0	0	0	0	0	0	0	0	0	0	0	0	0	0	0	0	12	40
0	0	0	0	0	0	0	0	0	4	0	0	0	0	0	0	0	0	0	0	0	0	0	0	0	0	19	41
0	0	0	0	0	0	0	0	0	0	0	0	0	0	0	0	0	0	0	0	0	0	0	0	0	0	0	73
0	0	0	0	0	0	0	0	0	0	0	0	0	0	0	0	0	0	0	0	0	0	0	0	0	0	1	76
0	0	0	0	0	0	0	0	0	0	0	0	0	0	0	0	0	0	0	0	0	0	0	0	0	0	0	78
0	0	0	0	0	0	0	0	0	0	0	0	0	0	0	0	0	0	0	0	0	0	0	0	0	0	0	78
0	0	0	0	0	0	0	0	0	0	0	0	0	0	0	0	0	0	0	0	0	0	0	0	0	0	0	77
0	0	0	0	0	0	0	0	0	0	0	0	0	0	0	0	0	0	0	0	0	0	0	0	0	0	0	77
0	1	0	0	0	0	0	0	0	0	0	0	0	0	0	0	0	0	0	0	0	0	0	0	0	0	2	77
0	0	0	0	0	0	0	0	0	3	0	0	0	0	0	0	0	0	0	0	0	0	0	0	0	0	3	76
0	2	0	0	0	0	0	0	0	1	0	0	0	0	0	0	0	0	0	0	0	0	0	0	0	0	3	76
0	0	0	0	0	0	0	0	0	1	0	0	0	0	0	0	0	0	0	0	0	0	0	0	0	0	1	78
0	0	0	0	0	0	0	0	0	0	0	0	0	0	0	0	0	0	0	0	0	0	0	0	0	0	1	78
0	2	0	0	0	0	0	0	0	2	0	0	0	0	0	0	0	0	0	0	0	4	0	0	0	0	36	78

汇总 | 一级超限 | 二级超限 | 三四级超限 | 二级舒适性指标 | 曲线摘要 | TQI | 第三轨超限 | 公里小结 | T值 | 区段总结 | 断面磨耗 | 断面磨耗汇总 | 波浪磨耗 | 公里扣分・里程分布图 | 公里扣分・频数分布图 | 扣分比例图 | TQI・里

图 3-68　公里小结

3.6.3　曲线报告

曲线报告包括曲线特征点位置、曲线长度、平均半径、平均加宽、平均超高、允许通过速度等，如图3-69所示。

曲线起点		曲线终点		曲线长度(m)	平均				限速(75mm欠超高计算)				
					半径(m)	超高(mm)	加宽(mm)	速度(km/h)	最高允许速度(km/h)	极限点		半径(m)	超高(mm)
公里	米	公里	米							公里	米		
263	792	263	728	64	500	0.1	5	26	56	263	762	483	-1.5
263	728	263	653	75	500	-10.8	3	27	57	263	703	483	-4.2
263	460	263	200	260	1087	-44.3	1	40	99	263	357	962	-44.1
263	200	263	177	23	20004	-4.5	0	42	366	263	189	20004	-4

汇总 | 一级超限 | 二级超限 | 三四级超限 | 二级舒适性指标 | 曲线摘要 | TQI | 第三轨超限 | 公里小结 | T值 | 区段总结 | 断面磨耗 | 断面磨耗汇总 | 波浪磨耗 | 公里扣分・里程分布图 | 公里扣分・频数分布图 | 扣分比例图 | TQI・里

图 3-69　曲线报告

曲线起点：指曲线的直缓点；曲线终点：指曲线的缓直点；曲线长度：指包括缓和曲线在内的曲线长度；平均：指圆曲线各栏目内的平均值；限速：按照技术规范要求对此曲线进行验算的相关信息。

3.6.4　TQI报告

轨道质量指数（TQI）报告包括里程位置、轨道几何单项标准差和 TQI 数值、通过速度、检测标准等，如图3-70所示。

里程	超限	轨向		高低		水平	轨距	三角坑	TQI		速度	标准	备注
		左	右	左	右				数值	超标			
264.2	有	0	0	2.48	3.22	1.74	0.98	1.98	10.4	未超过	22	(0,120]	
264	有	0	0	2.71	3.46	1.58	0.91	1.83	10.49	未超过	25	(0,120]	
263.8	有	14.76	14.96	2.66	3.14	2.42	2.45	2.33	42.72	超过20%	27	(0,120]	
263.6	无	1.84	1.75	1.88	2.37	1.3	0.87	1.58	11.59	未超过	30	(0,120]	
263.4	无	1.3	1.1	1.42	1.67	1.55	0.91	1.64	9.59	未超过	40	(0,120]	
263.2	无	1.12	0.98	1.79	1.95	1.43	0.7	1.55	9.52	未超过	51	(0,120]	
263	无	0.71	0.68	1.4	1.34	1.24	0.72	1.74	7.83	未超过	61	(0,120]	
262.8	无	0.94	0.82	0.98	0.91	0.93	0.88	1.36	6.82	未超过	69	(0,120]	
262.6	无	0.9	0.8	0.93	0.88	0.93	0.81	1.21	6.46	未超过	74	(0,120]	
262.4	无	1.25	1.25	2.02	2.29	1.8	0.79	1.95	11.35	未超过	76	(0,120]	
262.2	有	1.84	9.27	1.76	2.5	1.52	9.58	1.8	28.27	超过20%	78	(0,120]	
262	无	1.28	0.9	1.6	1.78	1.33	0.95	1.52	9.36	未超过	78	(0,120]	
261.8	无	0.97	0.76	1.25	1.35	0.9	1.07	0.99	7.29	未超过	78	(0,120]	
261.6	无	0.95	0.77	1.17	1.39	1.15	0.83	1.09	7.35	未超过	76	(0,120]	
261.4	无	1.2	0.96	1.2	1.38	1.58	1.19	1.67	9.18	未超过	78	(0,120]	
261.2	无	1.25	1.13	1.19	1.39	1.18	1.04	1.33	8.51	未超过	76	(0,120]	

汇总 | 一级超限 | 二级超限 | 三四级超限 | 二级舒适性指标 | 曲线摘要 | TQI | 第三轨超限 | 公里小结 | T值 | 区段总结 | 断面磨耗 | 断面磨耗汇总 | 波浪磨耗 | 公里扣分·里程分布图 | 公里扣分·频数分布图 | 扣分比例图 | TQI·里

图 3-70　TQI 报告

3.7　运用维护

3.7.1　安全检查

轨道检测系统安全检查详见《轨道检查车（综合检测列车）检测系统安全检查指导书》。

安全检查分为全面安全检查和日常安全检查。

通过危险评价法（LEC法）对各检测设备的运用风险进行评价，将安全检查项点等级分为A、B、C三级，A级为安全关键检查项点，B级为安全重要检查项点，C级为安全一般检查项点。

全面安全检查内容为车内和车外设备。车外设备为A、B、C全部项点，检查方法为目视和抽检。抽检主要为校核螺栓扭矩，选取未采取机械防松措施的螺栓，重点抽检防松标记不清或无防松标记的各项点的螺栓，抽检扭矩值为标称扭矩值的80%。随机抽检不同设备的螺栓，总数量大于5个，A级项点要做到每季度能够抽检到一次。车内设备安全检查结合检测过程开展。

日常安全检查对车外A、B全部项点检查，检查设备外观是否完好，有无磨耗、破损、松动、裂纹、断裂、异物击打、设备丢失及其他异常迹象；检查线缆及防护护管等无破损老化迹象，连接插头胶带是否完好，插头紧固无松脱等，对A项点及异常项点（车外各项点）进行拍照留存。

检查过程中发现螺栓松动、防松措施失效、外观受到异物撞击时需要及时处理。

螺栓紧固处、受力吊座、焊缝、受力支架、根部受力处等受力较大部位发生磕碰伤、出现裂缝及较大变形时需立即组织更换，如图3-71所示。

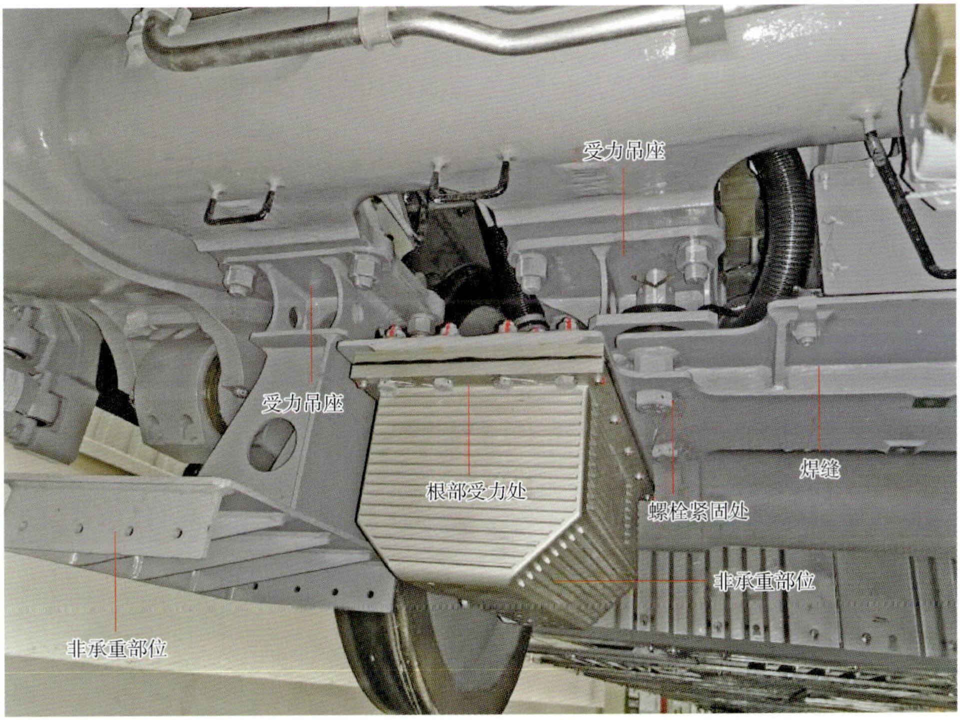

图 3-71 受力部位与非承重部位辨识

日常安全检查方法采用目视法和触探法。进行设备检查时，需注意以下内容：

确认激光器开关钥匙处于关闭位置，下车检查人员应拔下开关钥匙，确保他人不随意开启激光器，如图3-72所示。

图 3-72　激光摄像控制电源

检查检测梁整体外观是否完好，各部件有无裂纹、撞击、变形等异常迹象，检测梁整体外观，如图3-73所示。

图 3-73　检测梁整体外观

检查检测梁各部件所含机械紧固件的螺栓螺母的防松标记，判断是否存在松动的迹象，如图3-74所示。

检查摄像机和激光器的玻璃窗口是否清洁，若清洁程度影响到检测的图像质量要求，需要清洁玻璃窗口，如图3-75所示。

图 3-74　机械紧固件防松标记示意

图 3-75　玻璃窗口

检查编码器是否完好、轴端平台有无裂纹，如图3-76所示。

图 3-76　编码器及轴端平台

检查位移计、高低加速度计状态是否完好，如图3-77所示。

图 3-77　高低组件

检查ALD传感器及线缆是否完好，如图3-78所示。

图 3-78　ALD

安全提示：确认激光摄像组件下方无工作人员后方可插入激光器开关钥匙，开启激光器。

安全检查作业结束后要将检查记录及时上传运维系统。

3.7.2　日常维护

轨道检测系统的日常维护，是保证检测系统安全稳定、检测数据准确可靠所必须要做的一项保障性工作，要严格按规程对检测系统进行检查维护，具体要求参见《GJ-6型轨道几何检测系统维护维修规程》。

日常维护包括目视检查光学窗口固定螺栓是否缺失或松动，清理光学窗口；检查拉弦位移计是否顺畅或有磨损断丝，更换状态不良拉弦位移计；目视检查激光摄像组件密封螺栓是否缺失或松动；检查检测系统车内UPS不间断电源、计算机、显示器、鼠标、键盘、信号采集处理装置、电气柜散热装置等工况。

日常维护周期为每周或每5 000 km不少于1次。每次出乘前必须进行日常维护。

日常维护作业结束后要将维护记录及时上传运维系统。

第4章 车辆加速度检测系统

车辆加速度检测系统通过安装在高速综合检测列车某一断面上的振动加速度传感器实时采集车体、构架、轴箱等位置的加速度信号，经过对加速度信号分析处理，得到用于评价轨道不平顺状态的指标。

车辆加速度包括车体加速度、构架加速度和轴箱加速度。

4.1 硬件构成

4.1.1 系统架构

加速度检测传感器安装在某个轴位对应的车辆断面上，系统硬件包括1个断面多轴加速度传感器（4个）、2台工控机、1台数据采集设备（Imc）。加速度系统的安装示意如图4-1所示，检测构架如图4-2所示。

4.1.2 加速度传感器

车辆加速度检测系统的车下硬件系统主要是加速度传感器、数据线缆等。加速度传感器的原件如图4-3（a）所示。

在高速条件下车辆的构架、轴箱等部位的振动剧烈，直接将加速度传感器黏结在构架或者轴箱上，加速度传感器会存在因剧烈振动而脱落的安全隐患。为了应用安全，将加速度传感器制作成加速度组件，如

图4-3（b）所示。加速度传感器组件里封装传感器的数量、组件型号、标定系数等信息详见组件说明，如图4-3（b）中圈选的位置。

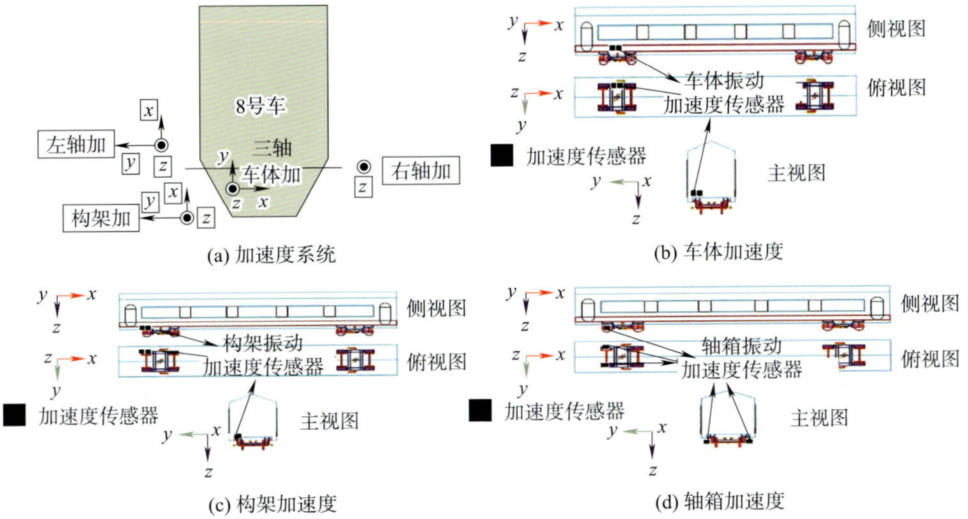

图 4-1　加速度传感器安装示意

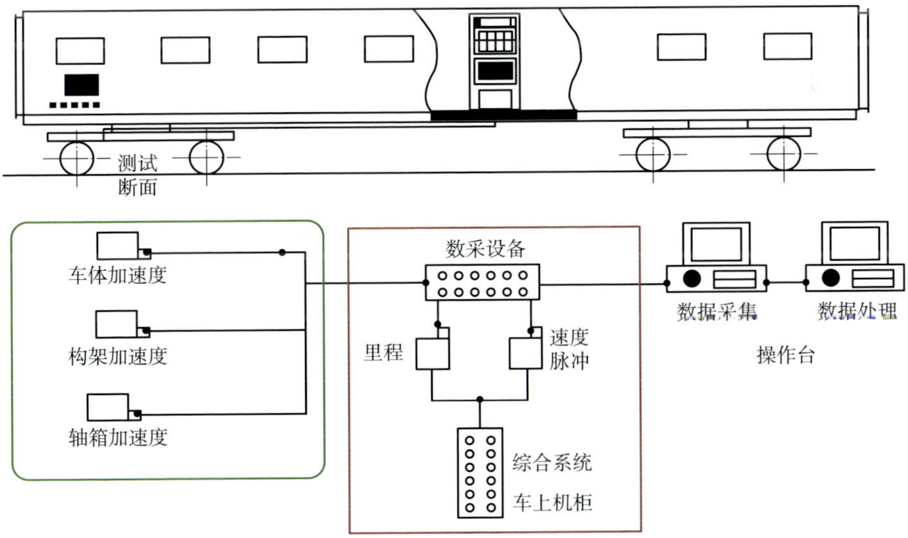

图 4-2　车辆加速度检测空间架构示意

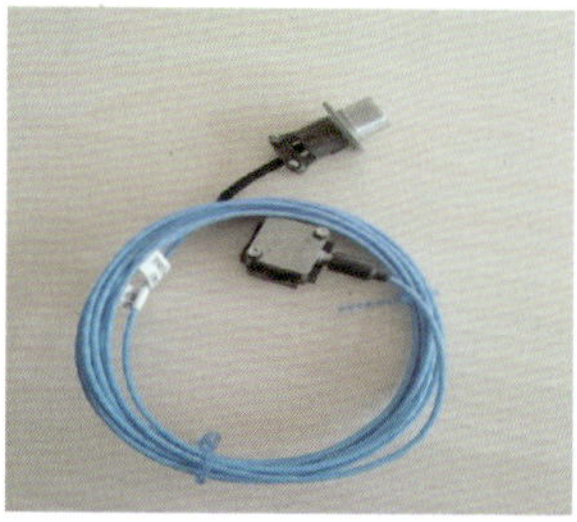

(a) 加速度传感器

(b) 加速度传感器组件

图 4-3　加速度传感器及安装组件

将加速度组件通过螺栓固定在车辆上专门设计的安装支座上，再连接加速度组件上的插头和数据线缆插头，如图4-4是车下轴箱和构架加速度传感器组件的实际安装图。

图 4-4　车下加速度传感器组件安装

车辆加速度检测系统的每个测试断面都包括LXA（左轴加速度）、RXA（右轴加速度）、BGA（构架加速度）、BDA（车体加速度）及备用线缆。与车体加速度和构架加速度传感器的安装方式不同，轴箱加速度传感器组件的安装支架工装受制于车辆轴箱的结构。目前，车辆加速度检测系统共有六种类型的轴箱加速度安装支架工装，用于安装与之型号相同的轴箱加速度传感器组件。加速度传感器组件的安装步骤、方法、要求见附件1。

尽管各加速度传感器组件的形状各异，为能与车下数据线缆连接传输检测数据，组件内部加速度传感器引出信号线与组件航空插头之间的接线线缆定义均是一致的，见表4-1。

表 4-1 加速度焊接线缆定义

线缆一端引脚	A	B	C	D	E	F	G	H	J	K
线缆颜色	红	黑	绿	黑	蓝	黑	白	黑	屏蔽	
线缆另一端引脚	A	B	C	D	E	F	G	H	J	K
传感器管脚	电源+	电源-	X+	X-	Y+	Y-	Z+	Z-		

4.1.3 计算服务器

加速度检测系统包含1台计算服务器用于检测数据的采集和1台数据计算服务器用于分析处理数据，位于车内检测机柜内。与计算机服务对应的主机显示器位于该机柜旁边的操作台上。

4.1.4 采集设备

加速度检测系统共有1台采集设备（Imc）用于实时采集车辆加速度检测数据。Imc采集设备如图4-5所示。

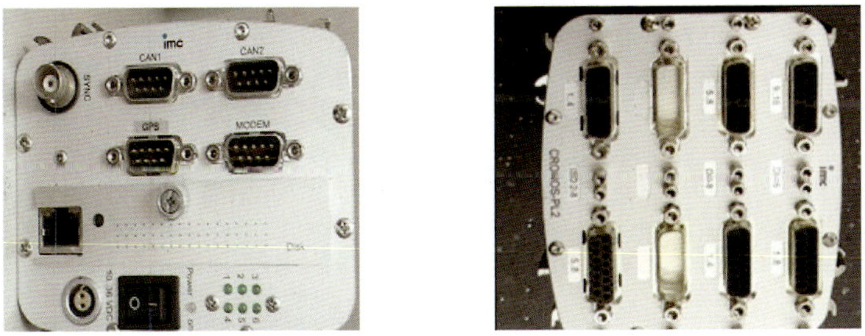

(a) 正面　　　　(b) 背面

图 4-5 车辆加速度检测采集设备

加速度检测系统已将采集设备集成在采集机箱里，车下数据线缆按照检测类别连接在机箱后面的插头上，打开采集仪器电源开关，电源指示灯变亮，即可进行数据检测。检测机箱如图4-6所示。

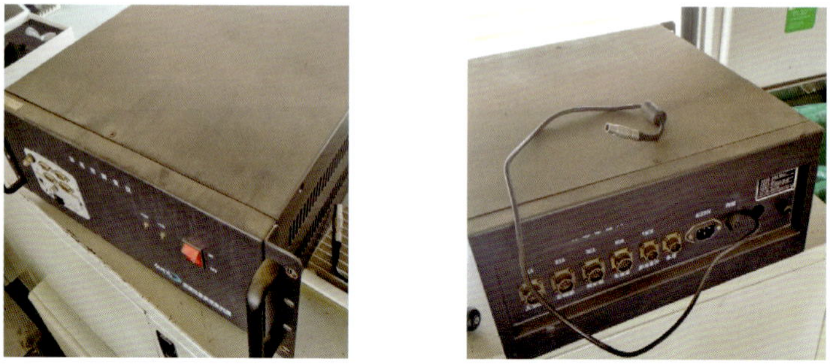

(a) 正面　　(b) 背面

图 4-6　车辆加速度检测采集设备机箱

车辆加速度检测系统检测机箱位于车内机柜中，如图4-7所示。机箱上标志“LXA”表示用于连接左侧轴箱加速度信号线缆；标志“RXA”表示用于连接右侧轴箱加速度信号线缆；标志“BGA”表示用于连接构架加速度信号线缆；标志“BDA”表示用于连接车体加速度信号线缆；标志“TACH”表示用于连接综合系统输入的速度脉冲信号线缆。

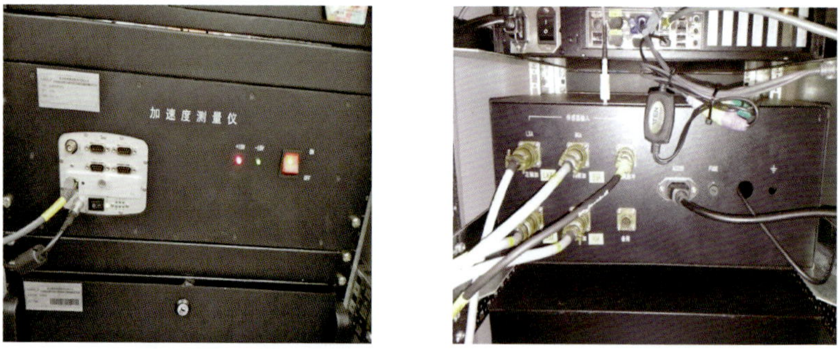

(a) 正面　　(b) 背面

图 4-7　车辆加速度检测系统采集仪器

机箱航空插头接入采集单元的定义见表4-2，采集单元通道定义见表4-3。

表 4-2 接线端子引入采集单元定义

LXA 传感器输入插座引脚	A	B	C	D	E	F	G	H	J
接线端子引脚	31、32	35、36	1	2	3	4	5	6	7
BGA 传感器输入插座引脚	A	B	C	D	E	F	G	H	J
接线端子引脚	31、32	35、36	8	9	10	11	12	13	14
RXA 传感器输入插座引脚	A	B	C	D	E	F	G	H	J
接线端子引脚	31、32	35、36	15	16	17	18	19	20	21
BDA 传感器输入插座引脚	A	B	C	D	E	F	G	H	J
接线端子引脚	31、32	35、36	22	23	24	25	26	27	28
距离脉冲（TACH）输入插座引脚	A	B							
接线端子引脚	29	30							
稳压电源输出	+15 V			GND					
接线端子引脚	31	32		35	36				

表 4-3 采集单元通道设置

通道	CH1	CH2	CH3	CH4	CH5	CH6	CH7	CH8
定义	左轴垂	右轴垂	轴箱横	构架垂	构架横	车体横	车体纵	车体垂
引线	LXA Z	RXA Z	LXA Y	BGA Z	BGA Y	BDA X	BDA Y	BDA Z

4.2 软件概述

加速度检测系统软件主要由数据采集软件和波形查看软件两部分组成，如图4-8所示。除此之外，还有采集设备Imc配置软件，用于对采集工程文件参数的配置、修改、参数编辑，采集通道波形显示等功能。

图 4-8　车辆加速度检测软件系统

4.2.1　采集软件

车辆加速度检测系统采集软件能够加载试验工程、实时采集、存储检测数据、同步综合里程、数据处理、结果统计、波形绘制、初始里程输入、速度显示等功能。采集软件的工作流程如图4-9所示。

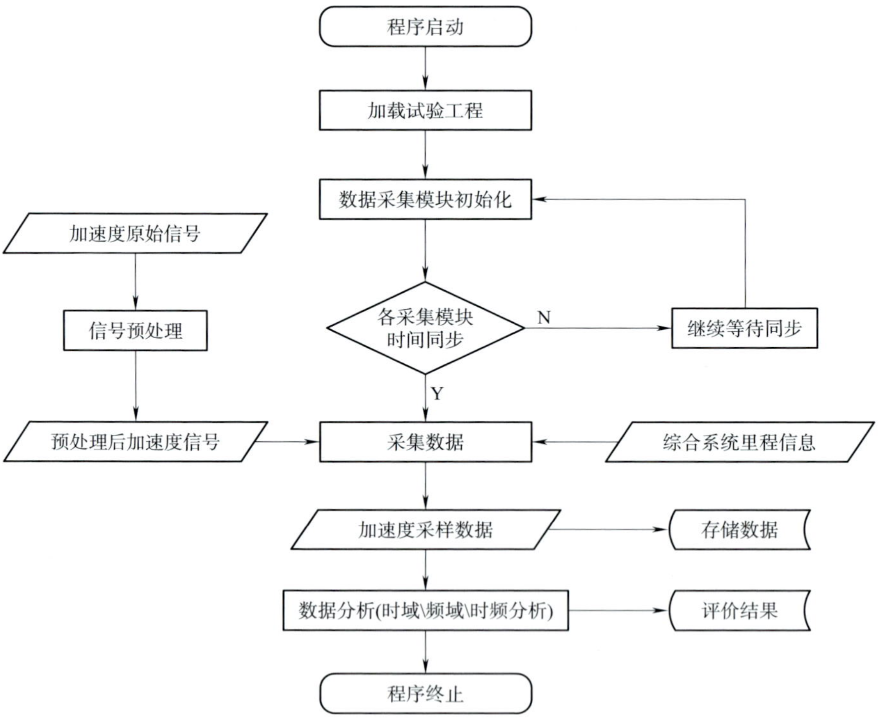

图 4-9　采集软件工作流程

如图4-9所示，开始检测前，数据采集软件负责激发采集测量设备、硬件接口初始化状态，启动主机与采集设备之间的同步时钟后，进入检测数据采集状态，同时自动生成用于存储数据的CIT文件（文件名格式是CitData_年月日时分秒_线路名.cit，其中，年月日时分秒分别用2位数字表示，共计12位）；在数据采集时软件界面显示速度、里程、通道波形、交路台账等信息，实时接收综合系统发送的时空校准信息包进行里程校对、显示与数据转发，控制各子采集端里程速度转发程序的启停；把各通道采集到的检测数据按固定格式保存在CIT文件里。

数据正常采集时，软件的主界面左下角有设备接口状态信息，“√”表示设备初始化成功连接正常，如图4-10所示。

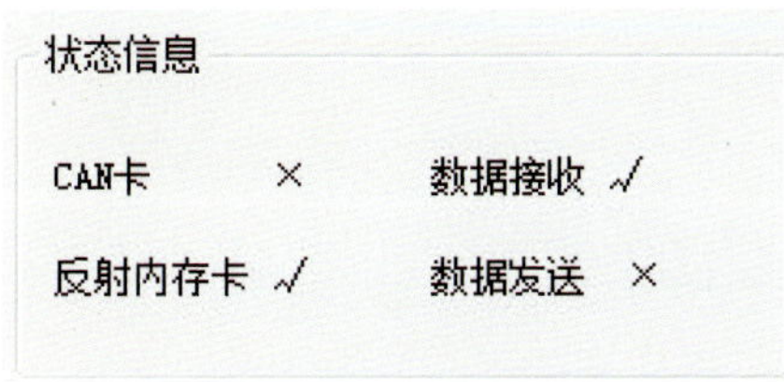

图 4-10　采集软件设备接口状态

数据采集软件正常工作时的主界面，如图4-11所示。

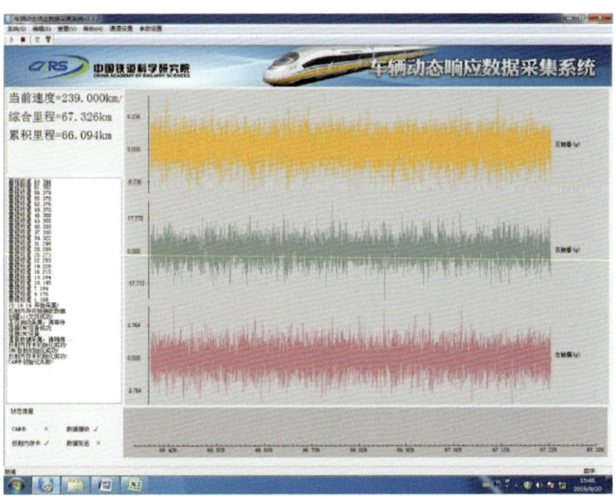

图 4-11　采集软件工作界面

4.2.2 波形查看软件

波形查看软件具有对生产的CIT文件进行波形显示、历史波形对比、数据滤波、计算研究指标、区段统计、绘制散点图、报表打印等功能处理。处理方式分实时处理与后处理两种，数据处理后会在CIT文件的所在路径下生成各断面的处理后TXT文件。波形查看软件功能流程，如图4-12所示。

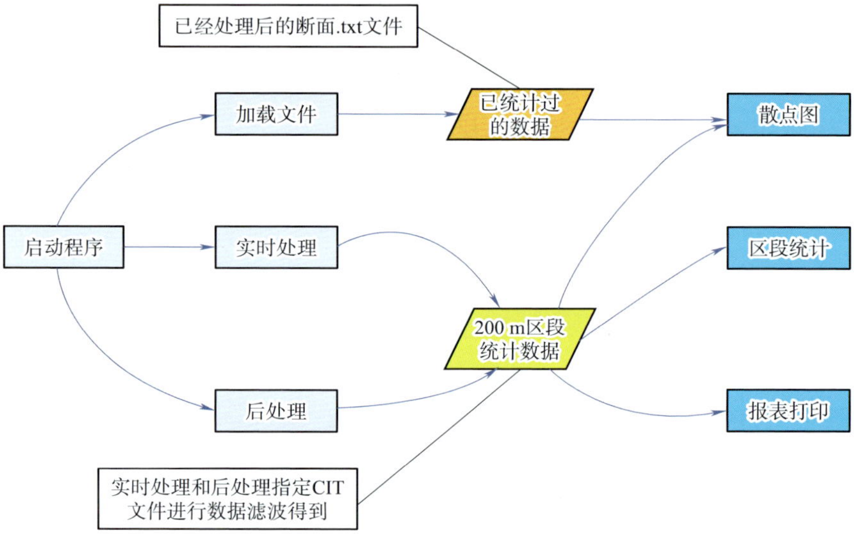

图 4-12 波形查看软件功能流程

用波形查看软件进行检测数据对比时的波形界面，如图4-13所示。

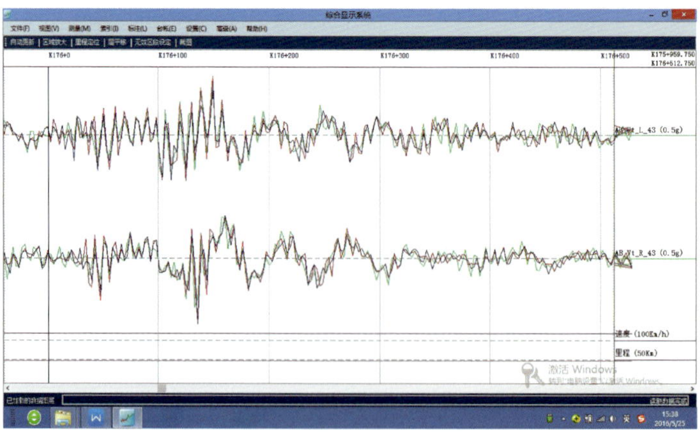

图 4-13 加速度检测波形对比示意

4.3 系统操作与维护

4.3.1 检测操作

（1）打开系统电源（UPS）。

（2）开启Imc采集仪器。如图4-14所示，先开采集仪电源开关、再开IMC电源开关。

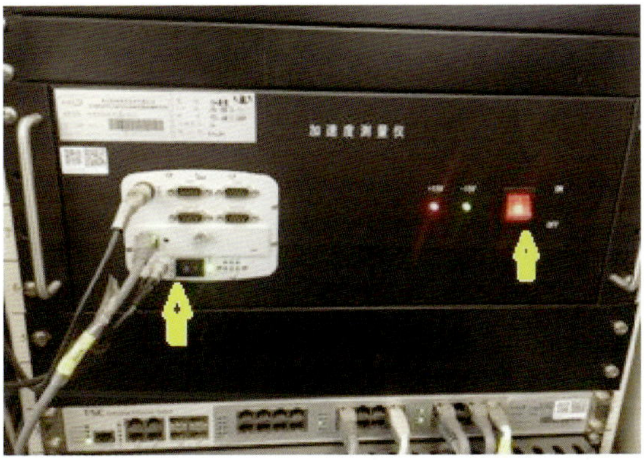

图 4-14 Imc 采集箱

（3）开启动态响应检测主机(采集服务器)，进入电脑桌面，如图4-15所示。

图 4-15 电脑桌面

（4）打开“采集软件”，点击“开始”（ ），在弹出的“启动设置”中根据当天的检测计划设置线路、行别、起始里程、行车方向等检测信息，核实无误后点击“确定”，如图4-16所示。

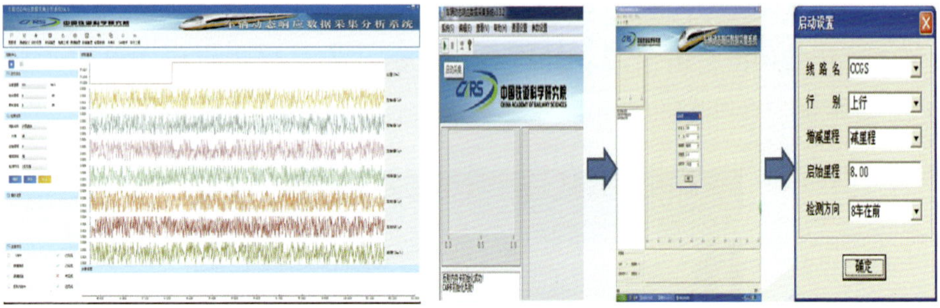

图 4-16　选择线路

（5）设置完毕后，在弹出“加载工程”中，如图4-17所示，加载相应的工程文件，例如，CRH380AJ-2808-2019,以车号命名的工程文件。

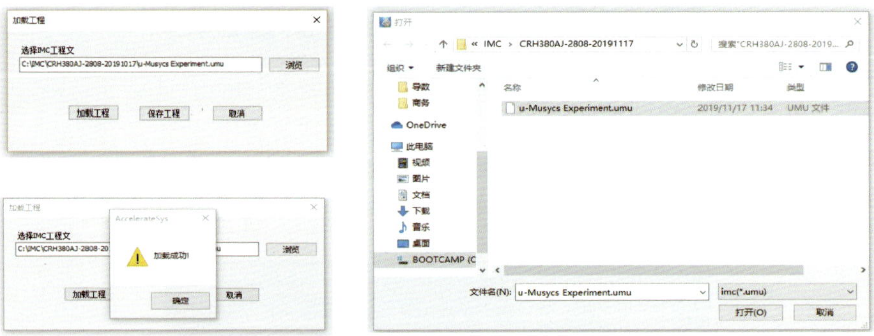

图 4-17　加载工程文件

（6）若采集设备与软件运行正常，则图中左下角“状态信息”框中显示设备状态中“数据接收”为对号。正常采集界面如图4-18所示。

（7）设备状态正常后，产生CIT数据文件，存储路径为“D:\data”。

（8）车辆运行后，注意查看通道信号，确认检测波形正常。当出现右侧“异常波形”时，填写漏检表，并及时向负责人报修。

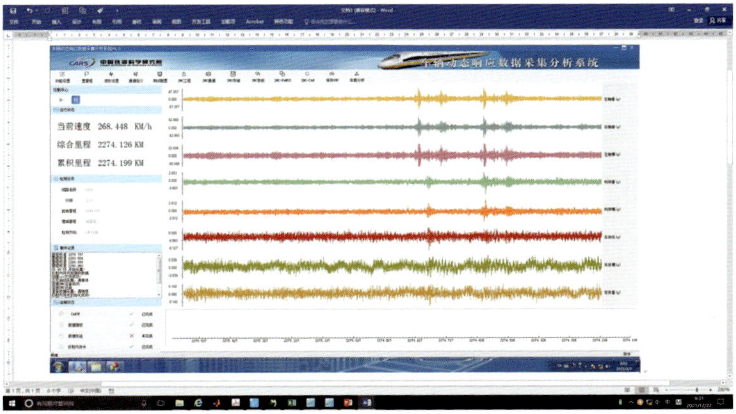

图 4-18 采集界面

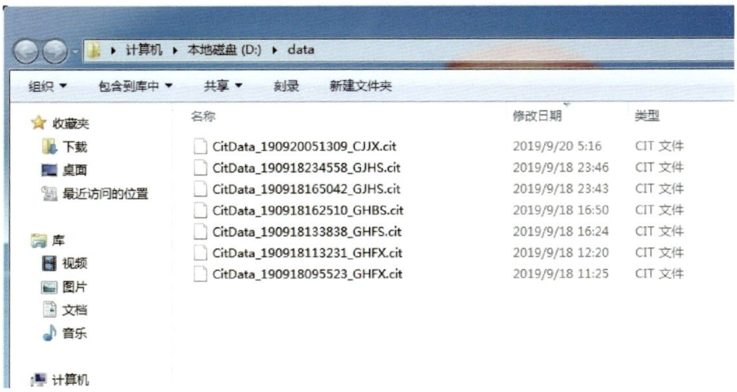

图 4-19 存储数据

正常波形	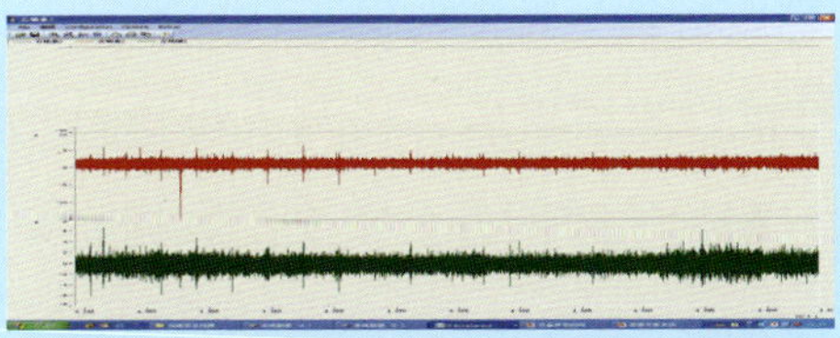
异常波形 (正弦波或拉直线)	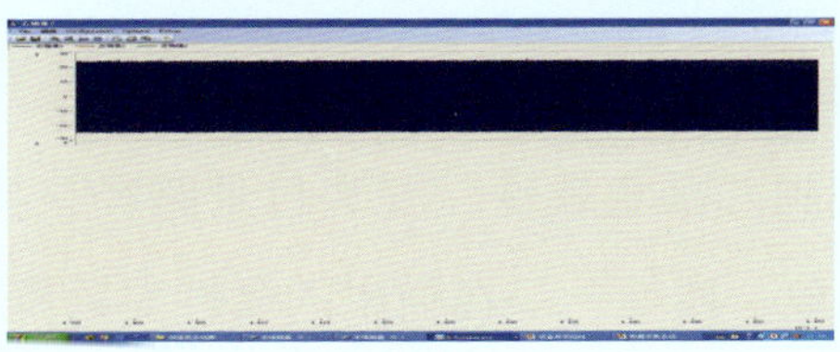

图 4-20 波形正常判断

（9）填写检测日志与漏检表。

（10）检测中换线操作步骤。

在检测过程中如果需要换线，更改检测线路名称，进行如下步骤：

先点击“停止”（正方形两个竖杠按钮），然后点击“三角按钮”开启采集，重复上述启动步骤，选择新检线路的名称、起始里程、行车方向等信息，继续检测，如图4-21所示。

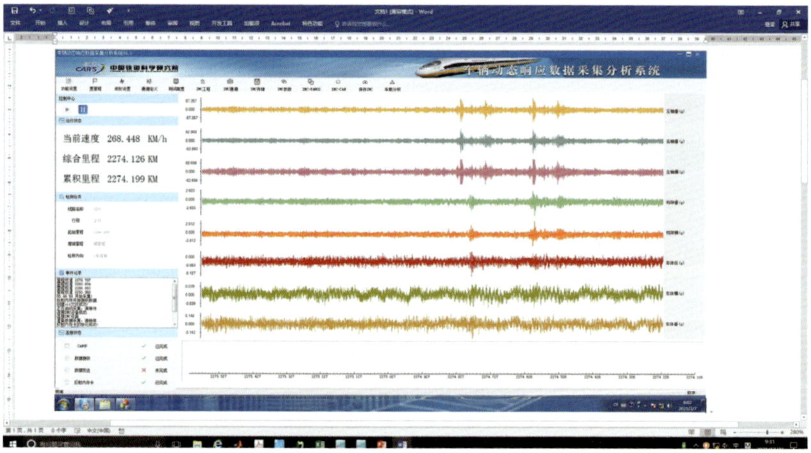

图 4-21　换线操作

（11）检测结束后，点击“停止”（正方形两个竖杠按钮），依次关闭采集软件、计算服务器、IMC电源、UPS等。

（12）每轮检测结束后，检测人员拷贝车辆动态响应检测数据CIT文件和检测日志、漏检表带回办公室交给数据收集人员。

4.3.2　专项操作

1. 增加新的检测线路名称

（1）找到“采集软件”安装目录路径，操作为：在“采集软件”上点击右键→选取“属性”→在弹出的属性对话框中选取“查找目录（F）”，找到“采集软件”的目录文件，如图4-22所示。

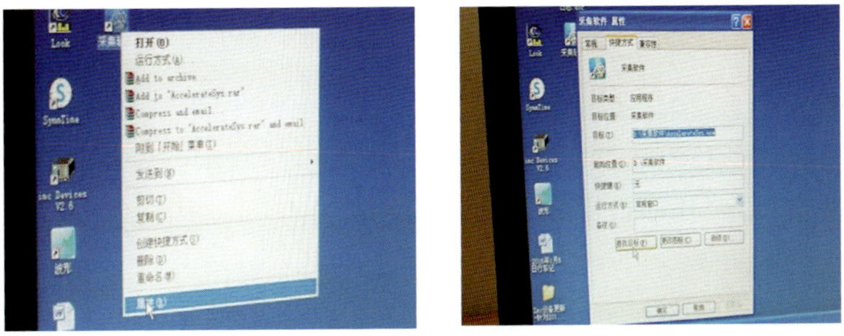

图 4-22　查找采集软件安装目录文件

（2）在上述路径中找到“TestDB.mdb”数据库文件，双击该文件打开检测数据库信息，选择SubNames，如图4-23所示。

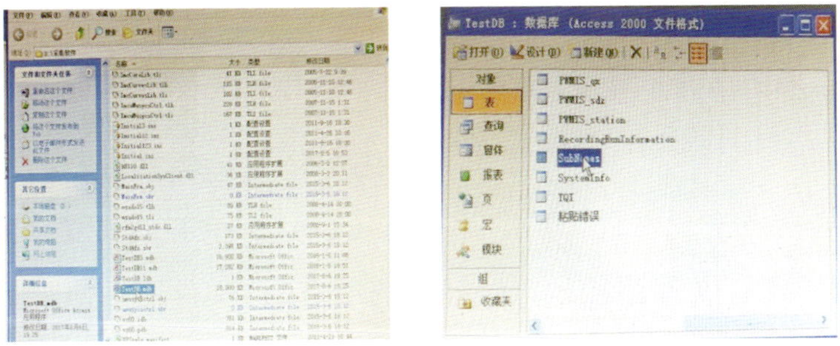

图 4-23　查找线路信息

（3）双击SubNames，打开线路信息表，在表的空白处，依次写上线路名、线路起止信息、线路初始里程、线路终了里程等信息，如图4-24所示。

图 4-24　增加新线路名

（4）增加线路信息后，关闭软件。

2. 查看CIT格式数据文件

（1）打开图3-1中的“波形”软件，如图4-25所示。

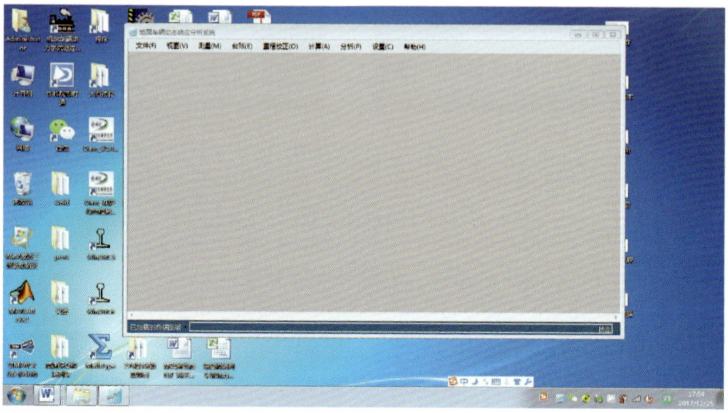

图 4-25 波形查看软件

（2）依次点击“文件（F）”“打开（O）”，并在“浏览（B）”中选择所要查看的CIT文件路径，该路径下的所有CIT文件罗列出来，如图4-26所示。

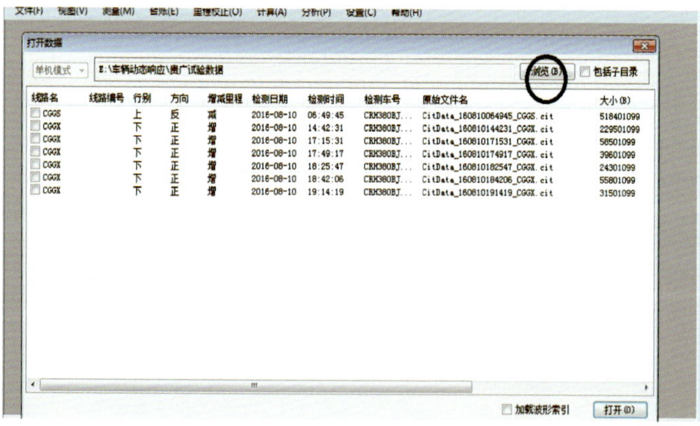

图 4-26 波形查看软件

（3）选取上步中要查看的文件，如图4-27所示，然后，点击“打开”按钮。

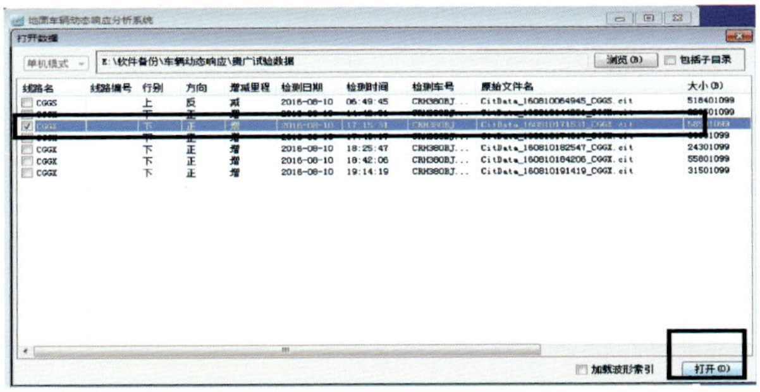

图 4-27　波形查看软件选项

（4）波形显示在绘图区，如图4-28所示，根据后期数据分析的需要选取对应的功能模块。

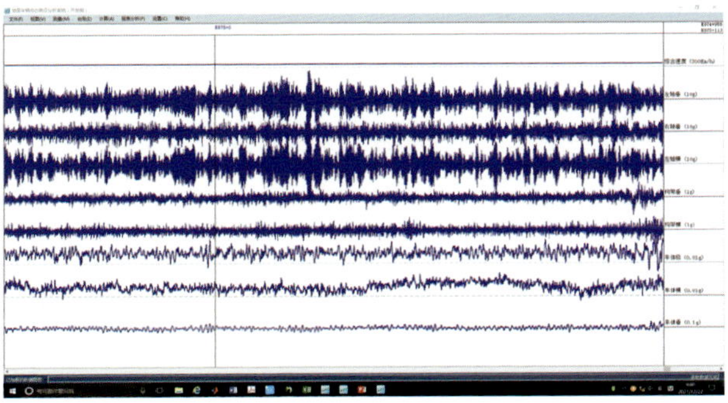

图 4-28　波形显示

（5）当需要调整查看软件的显示通道、颜色、比例时，需调整相应的配置文件。鼠标右击图4-29中长方形区域，弹出波形通道配置对话框，按照需求调整显示通道、通道数据颜色、基线、显示比例等参数。

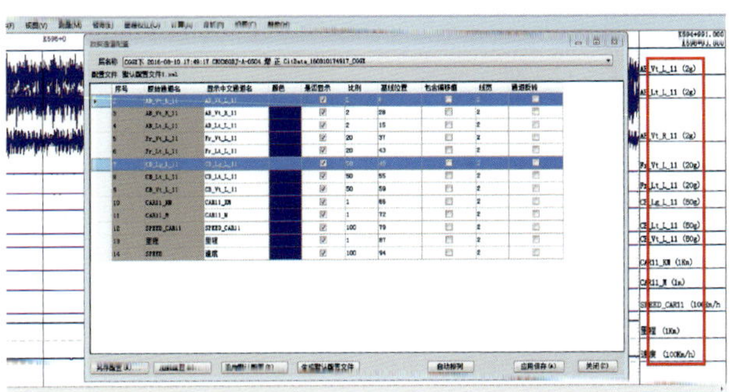

图 4-29　配置通道显示参数

（6）关闭通道配置文件，查看软件按照最新配置显示波形。

3. 更改传感器系数

（1）通道定义

单击导航栏“通道定义”菜单，弹出通道定义窗口，按照顺序定义通道英文名称、中文名称、放大系数、偏移量、单位、范围、采样频率、是否显示等，如图4-30所示。

图 4-30 打开通道定义页面

（2）波形显示配置

单击导航栏“波形设置”菜单，弹出波形显示配置窗口，单击“移入”按钮将要显示的波形通道从左侧移动到右侧，单击“移除”按钮将不显示的波形通道从右侧移动到左侧，如图4-31所示。

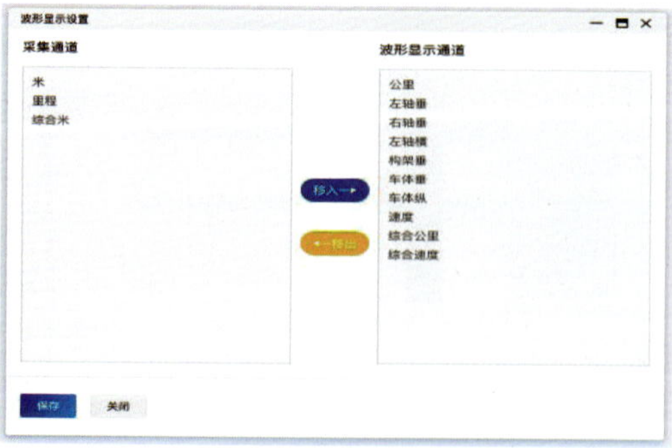

图 4-31 采集软件波形显示设置页面

（3）通道配置

关掉数据采集软件后，打开imc_devices软件，如图4-32所示黄色椭圆圈选。选择应用的配置文件，如图4-32所示。

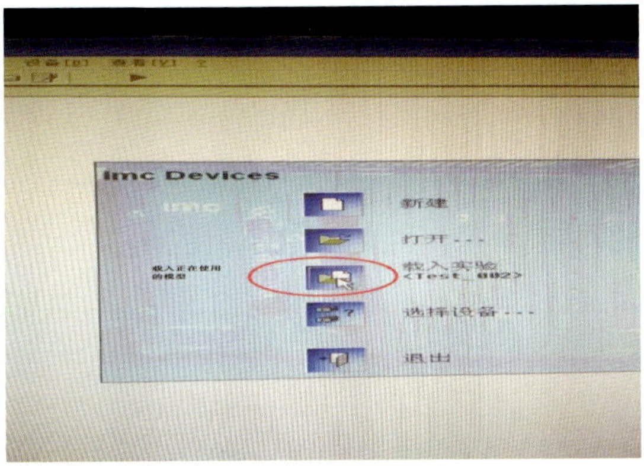

图 4-32 打开工程配置文件

或单击导航栏“通道配置”菜单，弹出通道配置对话框。选择工程文件参数配置页面，如图4-33所示。

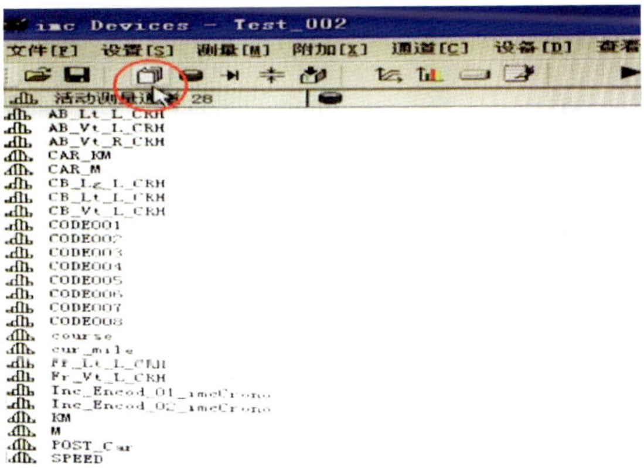

图 4-33 打开参数配置页面

单击导航栏“通道配置”菜单，弹出通道配置对话框。依次选择需要配置的通道，标定参数（加速度工装上显示量程的四分之一），并确认数据。如图4-34所示修改左侧轴箱垂向加速度标定参数。

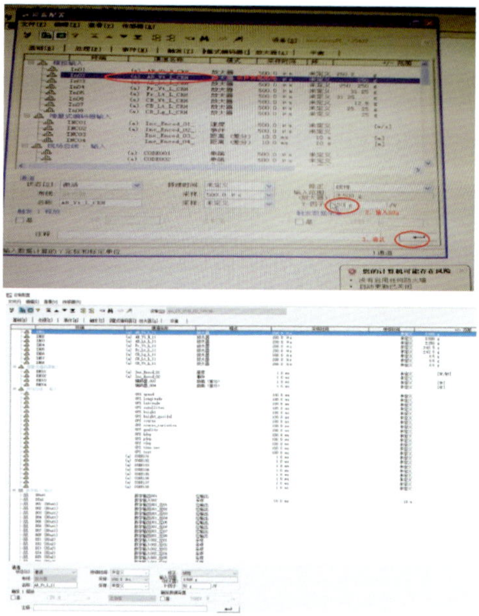

图 4-34　修改标定参数

标定系数修改完毕，保存或关闭工程文件、imc_Devices软件。单击导航栏“保存工程”菜单，弹出imc工程保存窗口，输入试验名称，然后单击“创建”按钮进行保存，如图4-35所示。

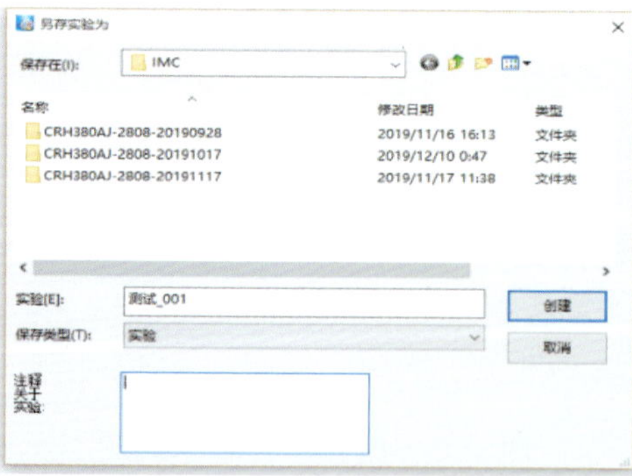

图 4-35　保存工程文件

4. 更改采样频率

（1）依次安装步骤，打开修正系数的页面。

（2）选择所有需要修改的通道，如图4-36所示。

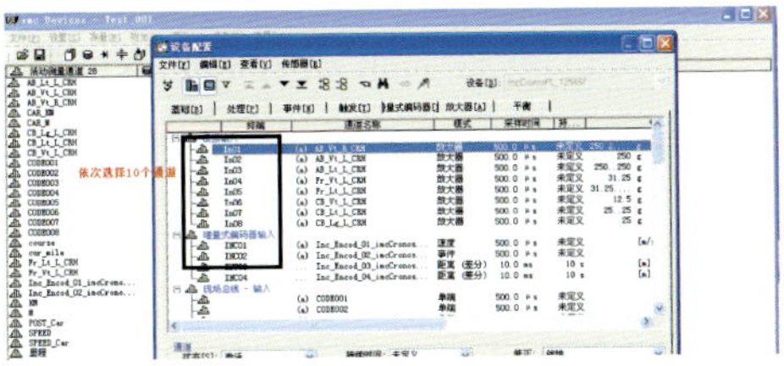

图 4-36　选择修改采样系数的通道

（3）在下拉对话框中选择所要修改的采样系数，如图4-37所示。例如，如将采样频率设置为5 k，则在下拉对话框中选择“200 μm”（200 ms）。

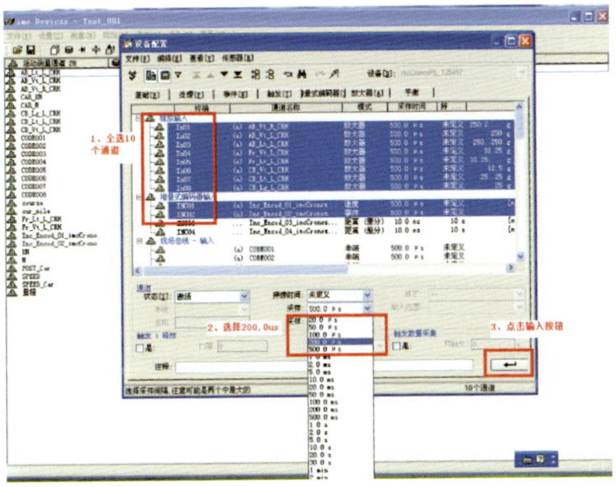

图 4-37　设置新的采样频率

（4）确认修改结果、关闭修改页面，并保存设置信息，如图4-38所示。

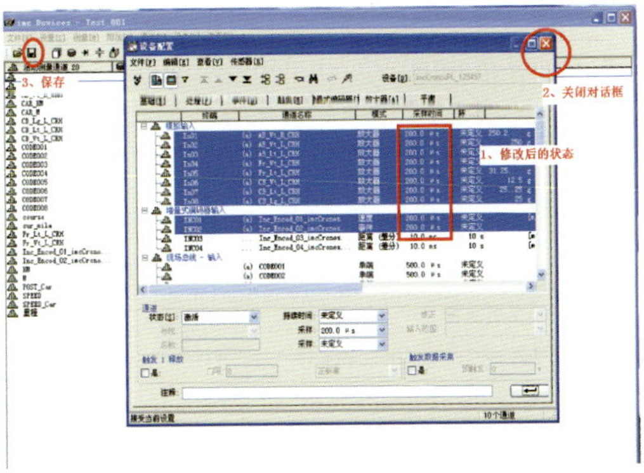

图 4-38　修改参数并确认

4.4 检测标准

根据Q/CR 824—2021《铁路基础设施动态检测 轨道短波状态车辆动态响应检测及评价方法》，使用轴箱加速度数据计算轨道冲击指数T_{II}、波形磨耗指数λ_{C}、能量因子r_{E}等指标能够较好地反映轨道的短波不平顺，发现短波病害。

4.4.1 轨道冲击指数T_{II}

轨道冲击指数是利用轴箱垂向加速度评价轨道短波不平顺对车辆造成的冲击程度。

记滤波后的轴箱垂向振动加速度波形信号的集合为$\{X_i | i=1, 2, \cdots, N\}$，$N$为轴箱垂向振动加速度波形信号的个数，则轴箱垂向振动加速度的移动有效值的集合可记为$\{S_i | i=1,2,\cdots,N-K+1\}$，其中，

$$S_i = \sqrt{\sum_{j=i}^{i+K-1} x_j^2 / K} \tag{4-1}$$

式中 K——向前加窗的窗长。

定义T_{II}为轴箱垂向振动加速度的移动有效值与其平均值的比值，即

$$T_{\mathrm{II}} = \frac{S_i}{S} \tag{4-2}$$

式中 T_{II}——轨道冲击指数；

S_i——测点i处轴箱垂向振动加速度的移动有效值；

S——轴箱垂向振动加速度移动有效值的平均值。

利用轨道冲击指数评价轨道不平顺状态分级建议标准如下。

（1）道岔区段轨道短波状态的T_{II}分级标准

Ⅰ级：轨道冲击指数$8.2 \leqslant T_{\mathrm{II}} < 10.0$；

Ⅱ级：轨道冲击指数$10.0 \leqslant T_{\mathrm{II}}$。

（2）非道岔区段轨道短波状态的$T_{Ⅱ}$分级标准

Ⅰ级：轨道冲击指数$6.0 \leqslant T_{Ⅱ} < 8.0$；

Ⅱ级：轨道冲击指数$8.0 \leqslant T_{Ⅱ}$。

4.4.2 波形磨耗指数λ_C

波形磨耗指数λ_C是从能量的角度评判轨道波形磨耗特性的，即采用带通滤波方法，对轴箱垂向加速度进行数据分析处理，得到单元区段的能量指标，计算方法与轨道冲击指数$T_{Ⅱ}$类似。通过统计单元内的波形磨耗指数λ_C，根据指数的大小判断轨道在单元内是否存在状态不良的轨道不平顺。

Ⅰ级：波形磨耗指数$6.0 \leqslant \lambda_C < 9.0$，能量因子$r_E \geqslant 0.45$；

Ⅱ级：波形磨耗指数$9.0 \leqslant \lambda_C$，能量因子$r_E \geqslant 0.45$。

4.4.3 能量因子r_E

能量因子r_E是在频谱分析的基础上找出振动的主频并计算主频率3 Hz范围内的能量与总能量的比值。能量因子r_E值越大，说明钢轨波形磨耗的周期性越强，波形磨耗特征越明显，通过主频率和车辆运行速度估算周期性钢轨波形磨耗的波长。

当能量因子$r_E \geqslant 0.45$时，可以判定存在钢轨波形磨耗并确定钢轨波形磨耗的波长。

4.5 轨道短波不平顺在线检测

4.5.1 在线分析

单击导航栏“车载分析”菜单，打开“车载分析助手”软件，分析软件自动加载加速度冲击计算和波形磨耗计算的参数，如图4-39所示。

单击“开始”按钮，开始进行实时车载数据分析。单击“最小化”按钮，分析软件在后台自动进行车载分析计算，如图4-40所示。

单击“停止”按钮，停止车载分析。

打开加速度数据集成处理软件之后，点击数据控制台模块启动数据控制台程序。

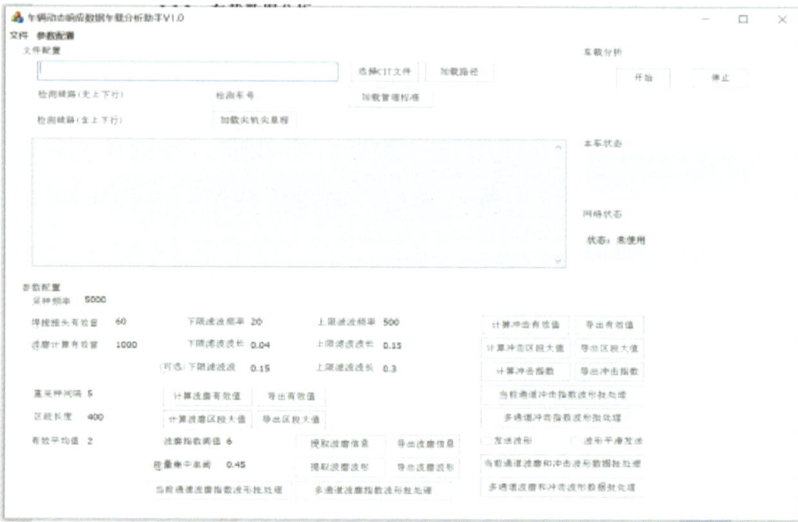

图 4-39　车载计算界面

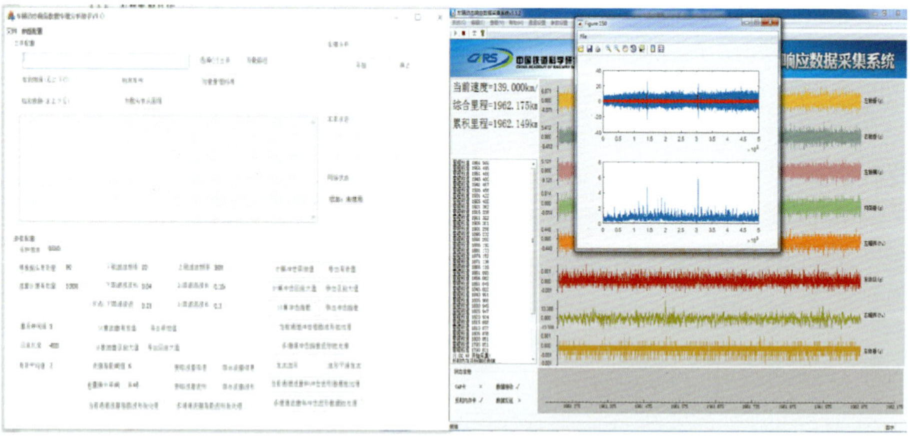

图 4-40　车载分析界面

选择服务器地址，如图4-41所示，单击“开始/继续”按钮选择线路名称，启动检测任务，如图4-42所示。

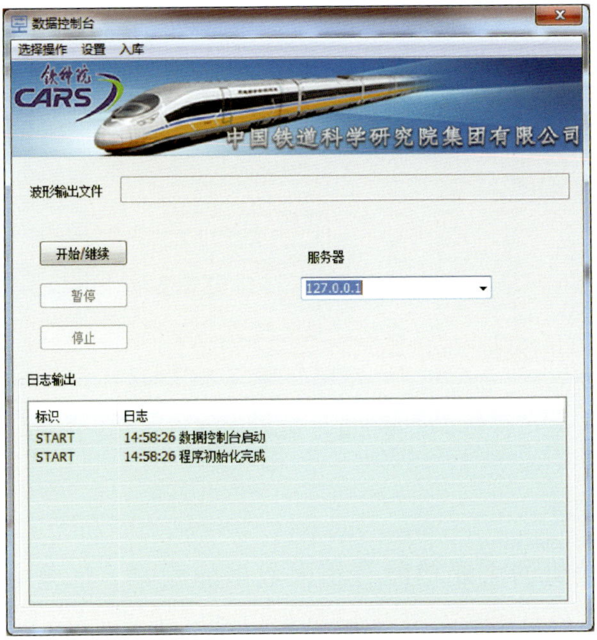

图 4-41 服务器连接

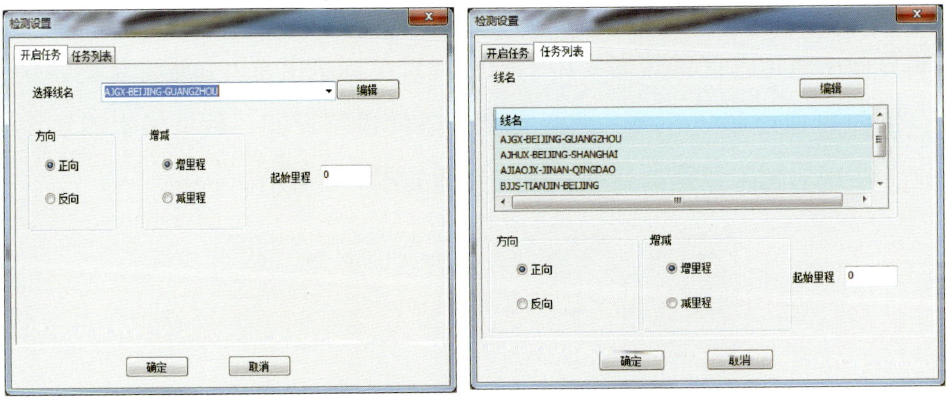

图 4-42 检测任务接收

数据控制台启动后加速度数据集成处理软件数据源管理模块就会生成一条当前的运行记录，选中列表中当前运行记录，单击“加速度超限编辑”按钮就会进入超限处理模块，如图4-43所示。

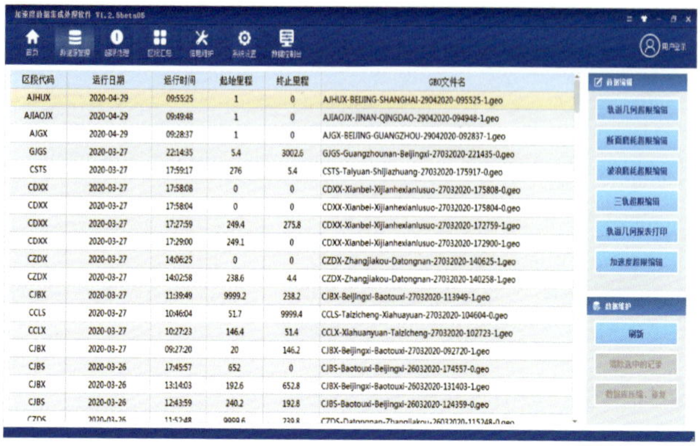

图 4-43　运行记录

4.5.2　超限编辑

超限数据编辑的主要功能有超限数据的删除、恢复、刷新、速度等级更新。超限数据显示界面还需提供数据自动刷新、滚屏、背景颜色切换等功能，在左侧显示加速度波形图，实现同一区段中数据与波形图的同步（具体功能参考波形图模块）。系统信息维护中需提供道岔信息维护，数据编辑界面中将道岔区域数据使用不同的背景色标示出来，方便将此类数据过滤。同时可通过超限等级、超限类型等条件进行过滤。数据编辑模块主要功能为实现对超限数据的处理，系统界面如图4-44所示。

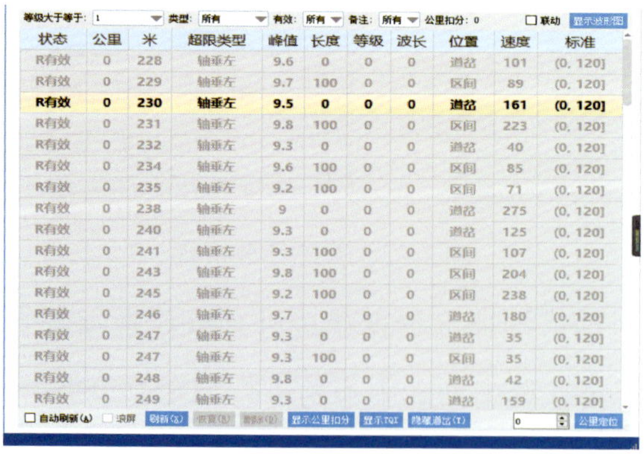

图 4-44　超限编辑页面

4.5.3 病害识别

轨道短波病害主要包含冲击型和周期型两类。冲击型主要以焊缝不良、钢轨擦伤、硌伤、掉块、岔区连接位置病害等为主；周期型主要以钢轨波形磨耗和周期性磨痕为主。各种类型病害对应的波形特征如下所述。

（1）焊缝不良：较大峰值间隔为500 m、100 m或25 m，如图4-45所示。

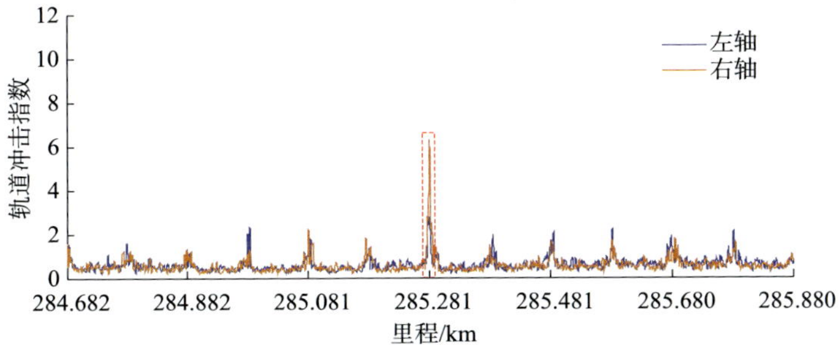

图 4-45　焊缝不良数据

（2）钢轨擦伤、硌伤或掉块：振动峰值在两个焊缝之间，如图4-46所示。

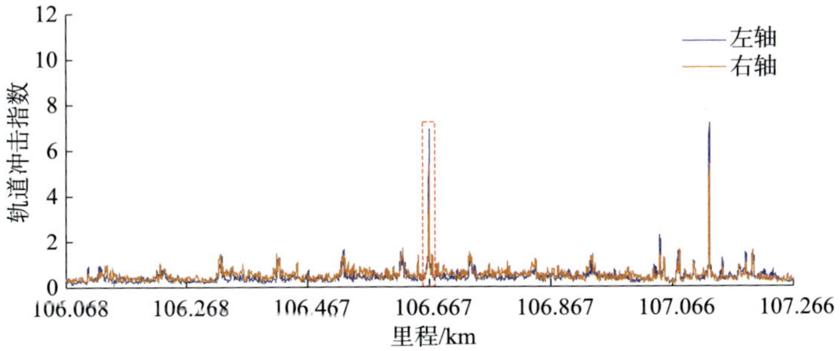

图 4-46　钢轨擦伤、硌伤或掉块数据

（3）绝缘接头不良如图4-47所示：道岔区峰值较单一位置。临近区域峰值较多位置为尖轨、心轨等引起的冲击，可通过信号机台账对应查看。

（4）钢轨波形磨耗：加速度原始数据呈现连续较大区段，如图4-48所示。

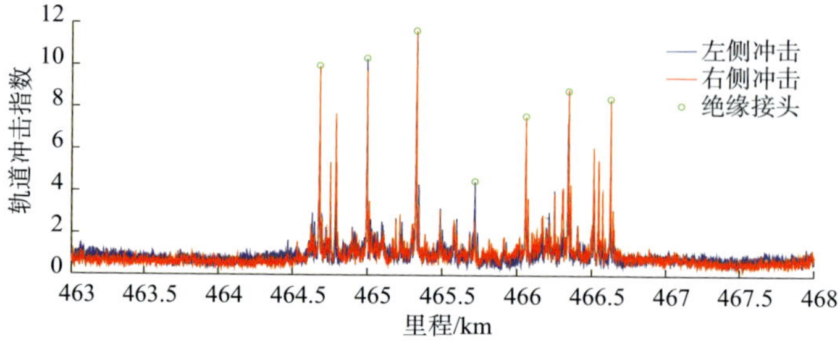

图 4-47　绝缘接头不良数据

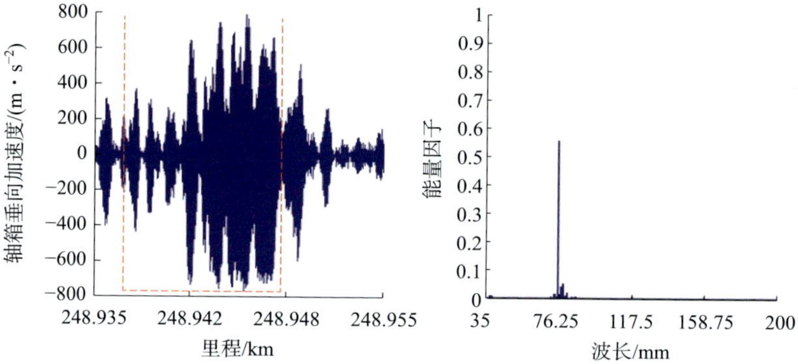

图 4-48　钢轨波形磨耗数据

4.5.4　报表解析

轨道短波偏差报告是以统计的方式对线路状态的各项偏差情况展现，如图4-49所示。

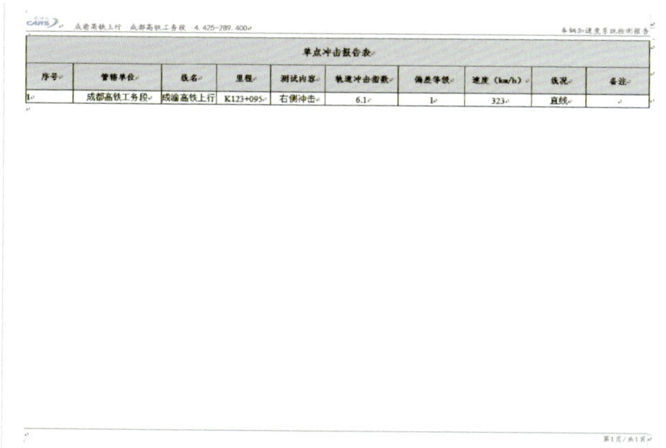

CARS　成渝高铁上行　成都高铁工务段　4.425-289.400　　车辆加速度异常检测报告

单点冲击报告表

序号	管辖单位	线名	里程	测试内容	轨道冲击指数	偏差等级	速度（km/h）	线况	备注
1	成都高铁工务段	成渝高铁上行	K123+095	右侧冲击	6.1	1	323	直线	

第1页/共1页

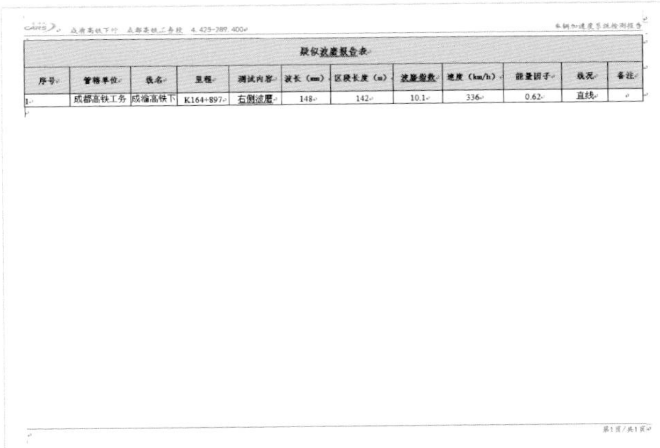

疑似波磨报告表

序号	管辖单位	线名	里程	测试内容	波长（mm）	区段长度（m）	波磨指数	速度（km/h）	能量因子	线况	备注
1	成都高铁工务	成渝高铁下	K164+897	右侧波磨	148	142	10.1	336	0.62	直线	

图 4-49　偏差报告

4.5.5　静态复核

轨道短波病害的静态复核检查需将是否存在缺陷、缺陷位置、类型、尺寸大小等说明清楚，同时将现场检查时间、预计处理时间、处理方式说明。现场检查时一般使用电子平直尺、波形磨耗仪等具备连续测量的电子仪器进行测量，并将缺陷数据导出以备分析。

4.6　检查维护

车辆加速度检测系统的维护按照以下四个层次进行，可分为安全检查、日常维护、定期维护、专项维修和综合维修。

（1）安全检查

安全检查是在检测过程中由车长统筹安排随车检测人员对车辆加速度检测系统车下进行的安全检查工作，检测周期与车辆一级修同步进行（48 h或2 000 km，先到为主）。每旬检测任务，安全检查内容见三标体系文件《B06-C16-CLDT 车辆加速度检测系统安全检查记录表》，检查结束后应及时上传运维系统。轨道冲击指数Ⅱ级偏差处所反馈见表4-4。钢轨波形磨耗指数Ⅱ级偏差处所反馈见表4-5。

表 4-4　轨道冲击指数Ⅱ级偏差处所反馈

序号	局集团公司	线路	行别	里程	轨道冲击指数	是否存在缺陷	现场检查情况	现场处理情况
1	××局	××高铁	上行	K1721+723	14.8	是	该处位于道岔区段，11月18日上线检查，发现该处左右股焊缝平直度不良，并且左股存在掉块，使用焊缝平直度测量仪，钢片尺测量，左股轨面平直度最大值为0.012 mm，最小值为-0.112 mm；右股轨面平直度最大值为0 mm，最小值为-0.121 mm；掉块长6 mm，宽5 mm，深0.1 mm	11月22日已打磨
2			下行	K1885+666	11.7	是	该处位于道岔区段，11月23日上线检查，发现该处左股铝热焊焊缝接头平直度不良，使用焊缝平直度测量仪测量，轨面平直度最大值为0.564 mm，最小值为-0.441 mm	计划11月25日打磨
3	××局	××高铁	上行	K1410+601	10.5	是	该处位于直线区段，11月16日上线检查，发现该处左右股铝热焊焊缝接头平直度不良，使用电子平直尺测量，左股轨面平直度最大值为0.352 mm，右股轨面平直度最大值为0.33 mm	小机打磨
4	××局	××高铁	上行	K3043+891	10.7	是	该处位于道岔区段，11月19日上线检查，发现该处左右股绝缘接头平直度不良，使用1 m平直尺测量，左股轨面平直度最小值为-0.3 mm，右股轨面平直度最大值为0.4 mm	计划12月10日打磨

表 4-5　钢轨波磨指数Ⅱ级偏差处所反馈

序号	局集团公司	线路	行别	里程	波磨指数	是否存在缺陷	现场检查情况	现场处理情况
5	××局	××高铁	下行	K132+224～K132+304	11.2	是	该处位于直线区段，11月14日上线检查，发现该处处于大机打磨起始点，左右股存在钢轨波磨，使用电子平直尺测量，区段长度80 m	11月18日小机打磨
6		××高铁	下行	K133+288～K133+348	12.2	是	该处位于直线区段，11月19日上线检查，发现该处左右股存在钢轨波磨，使用波磨仪测量，波磨谷深0.02 mm，区段长度100 m	小机打磨

（2）日常维护

每旬检测开始前和结束后，在作业条件允许的情况下，对车辆加速度检测系统进行日常检查，每周不得少于2次日常检查。日常维护的作业内容见三标体系文件《B06-C17-CLDT-车辆加速度检测系统日常维护记录表》，日常维护结束后应及时上传运维系统。

（3）定期维护

车辆加速度检测系统运行30 000 km左右，由技术人员对检测系统进行定期维护作业，作业内容见三标体系文件《B06-C18-CLDT-车辆加速度检测系统定期维护记录表》，定期维护结束后应及时上传运维系统。

（4）专项维修

车辆加速度检测系统的专项维修主要包括采集设备更换（换件修）、加速度传感器组件更换、系统升级等工作。

（5）综合维修

结合车辆入厂修而车辆加速度检测系统进行的设备拆除、标定、改造、恢复等作业，具体大修周期应参考车辆实际修程执行。

4.7　检测设备常见故障

加速度检测采集的是在车辆关注部位的振动情况。因此，检测数据呈现出高频随机振动特性，尤其是在接头及道岔等处，检测波形具有明显冲击特征，正常的波形幅值应在1～50g波动。正常检测波形的形状如图4-50所示。

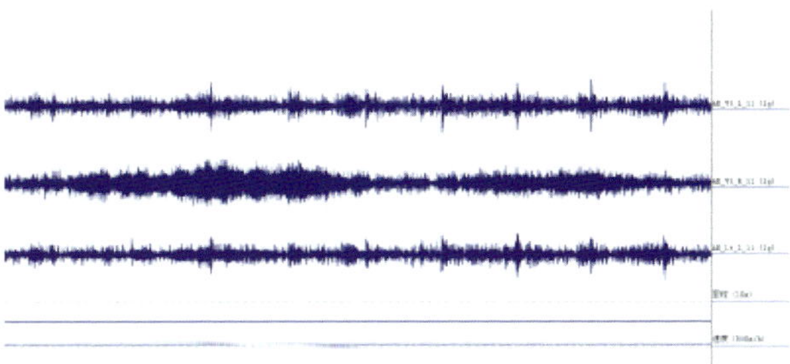

图 4-50　车辆振动检测波形正常信号

凡检测信号与上述正常信号不一致，无法满足检测需求的都可认为检测系统处于故障状态。

4.7.1 典型故障1：波形拉直线

如图4-51中红色框图所示，横向轴箱加速度波形呈现出直线状态，没有波动信息。故障的原因可能是加速度传感器损坏、连接线缆通道故障等，需逐个排查。

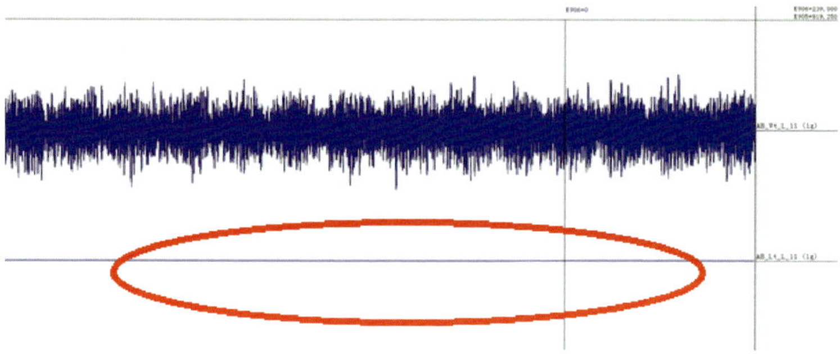

图 4-51 异常信号（拉直线）

4.7.2 典型故障2：波形无规律脉冲

如图4-52所示，垂向轴箱加速度波形出现无规律脉冲状态，并且其值也较大，故障的原因可能是加速度传感器连接故障、IMC通道损坏等。

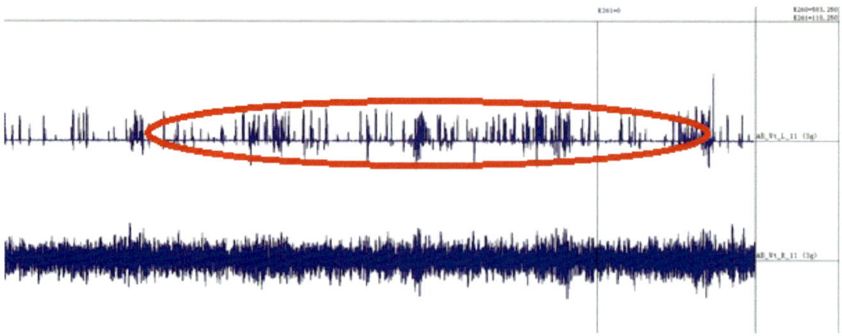

图 4-52 毛刺信号

4.7.3　典型故障3：正弦波

如图4-53所示，横向轴箱加速度出现有规律的正弦信号，其周期频率明显与正常的不同，故障的原因可能是加速度传感器连接线断裂或者焊接错误等。

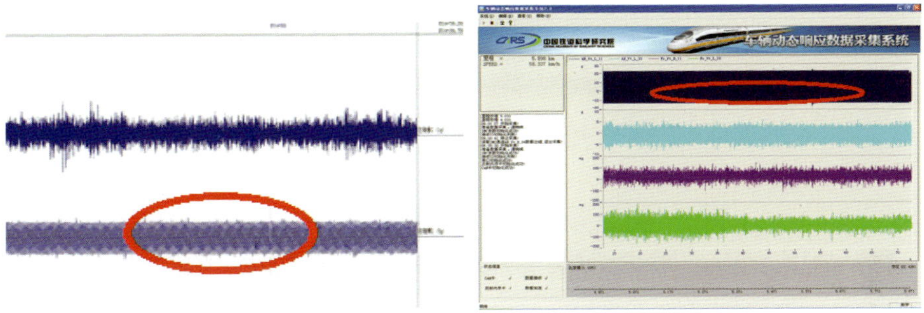

图 4-53　正弦异常信号

4.7.4　典型故障4：间歇性大值毛刺

如图4-54所示，轴箱加速度大部分信号与正常信号相似，局部却间歇性出现大量幅值较大的毛刺信号（该信号与分相干扰不同）。故障的原因可能是加速度传感器故障或者采集设备通道故障。

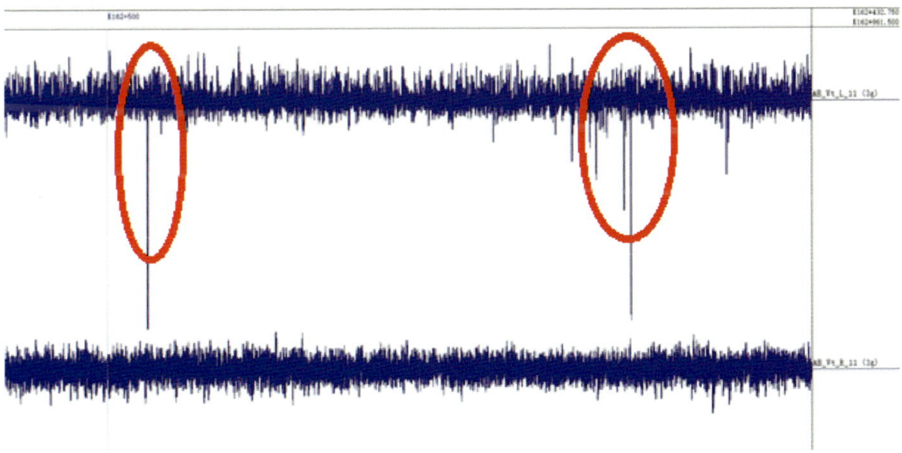

图 4-54　间歇性异常大值信号

4.7.5 典型故障5：无冲击特性

如图4-55所示，检测信号看似正常，幅值不大且波动特征明显，但在车辆经过道岔及焊缝、接头区域时，并未出现“大值”信号，体现不出轨道短波不平顺的“冲击”特征。故障的原因是加速度传感器损坏。

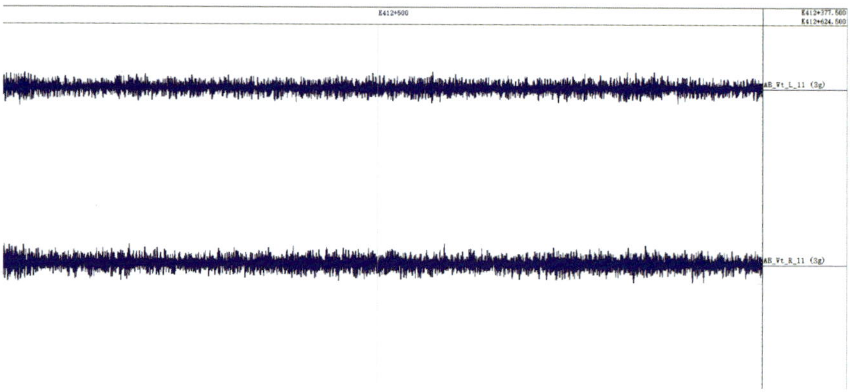

图 4-55 无“大值”异常信号

4.7.6 典型故障6：波形振幅过小

如图4-56所示，检测信号无振动特性，并且波形幅值较小（图4-57中振幅不超过0.1g）。故障的原因是加速度传感器损坏。

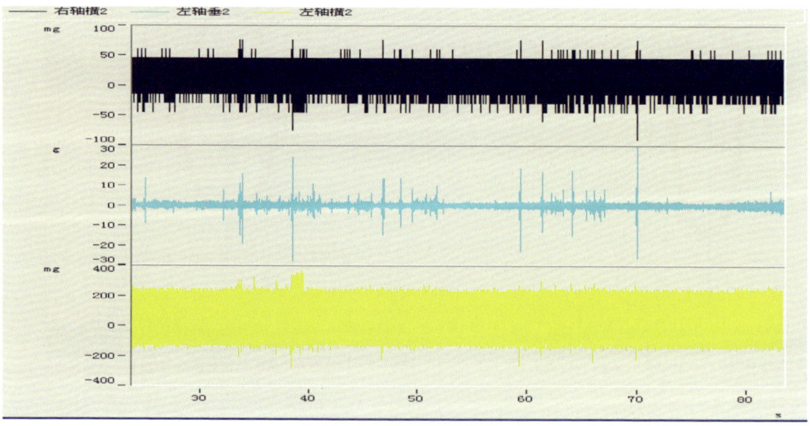

图 4-56 信号振幅过小

4.7.7　典型故障7：采集设备连接故障

在检测过程中出现图4-57所示故障异常对话框，故障的原因是网络连接不畅通，解决办法是重启采集设备及采集软件，重新连接。

图 4-57　网络连接故障

4.7.8　典型故障8：传感器状态不稳定

在检测过程中出现图4-58所示故障，检测波形频繁出现异常大值，故障原因是传感器工作状态不稳定，建议更换传感器。

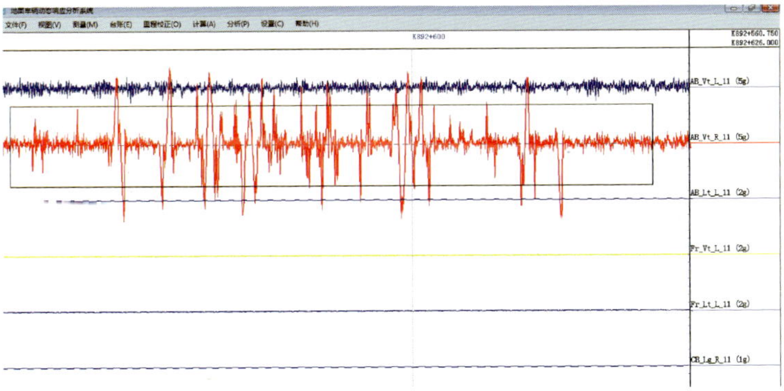

图 4-58　传感器状态不稳定

附录1　加速度传感器组件更换安装

加速度传感器损坏时，造成检测数据的失真，应及时更换加速度传感器组件。

1. 安装工装及组件介绍

加速度传感器组件的安装位置分为：车体、构架和轴箱三处，其中，车体加速度组件安装位于车厢内，构架和轴箱加速度传感器组件安装位置在构架和轴箱的安装工装上。

（1）车体加速度

各车的车体加速度传感器组件型号一致，都是通过4根螺栓固定在车内地板上的工装上，如附图1-1所示。固定螺栓的型号为M8×30，力矩为15 N · m。

附图 1-1　车体加速度传感器组件

（2）构架加速度

构架加速度组件通过4根螺栓固定在构架工装上，如附图1-2所示。固定螺栓的型号为M8×30，力矩为15 N · m。

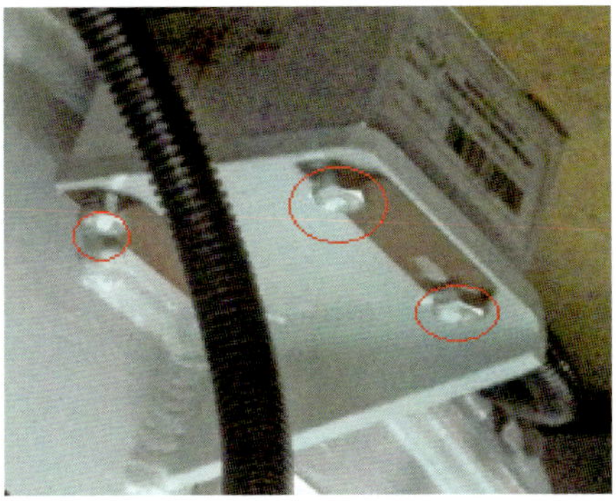

附图 1-2 构架加速度组件

（3）轴箱加速度

1型轴箱加速度组件及安装工装，传感器组件上有4个螺栓，用于将组件固定在转接架，如附图1-3所示红色圈选部分。

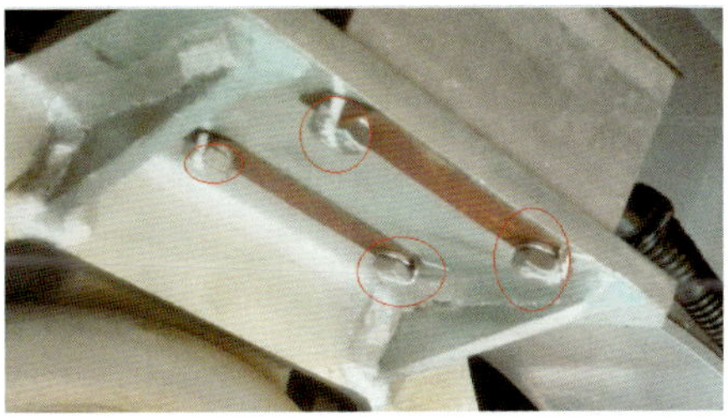

附图 1-3 1 型轴箱加速度传感器组件

2. 加速度组件更换步骤及要求

（1）安装作业之前，由技术人员准备待安装的加速度传感器组件，并提前向动车段申请安装作业。

（2）安装作业人员穿戴劳保用品、符合动车组车下作业条件时再开始安装。

（3）车上IMC测量仪处于电源断开或关闭状态。

（4）轴箱加速度计线缆插头型号为YH 3116 F 12-10S，必要时参照线缆插头定义重新焊接插头。

（5）断开数据线缆与组件插头，拆掉旧的加速度传感器组件上的固定螺栓。

（6）新加速度传感器组件安装时应注意安装方向。当更换轴箱加速度传感器组件时，应严格区分左右侧。

以1车行进方向为系统正方向，垂向加速度竖直向上为正，横向加速度指向左侧为正。

轴端左侧安装LXA-型号的轴箱组件，轴端右侧安装RXA-型号的轴箱组件。

标识1为轴箱垂向和横向标志，正视标识，垂向竖直向上，横向指向左侧，如附图1-4所示。

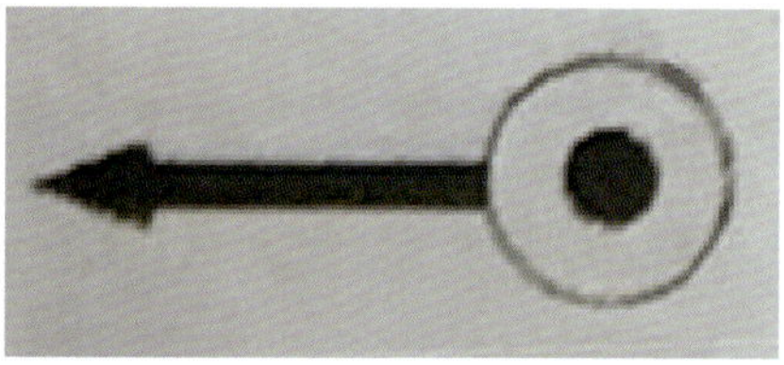

附图 1-4　标识 1

标识2为轴箱垂向标志，正视标识，垂向竖直向上，如附图1-5所示。

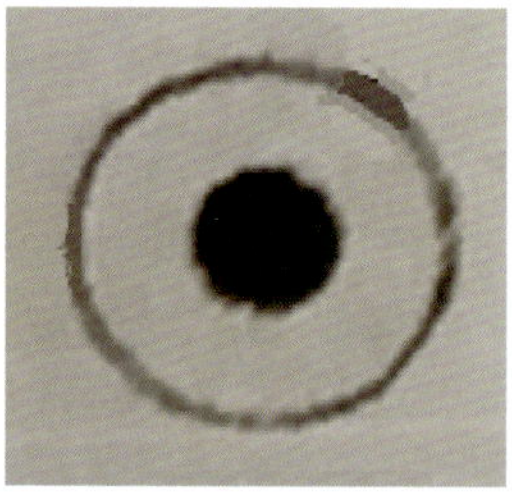

附图 1-5　标识 2

（7）新加速度传感器组件安装步骤。

①固定螺栓依次传感器组件安装孔、支座底座孔、平垫、弹垫、防松螺母。

②紧固螺栓方法一，使用扭力矩扳手，1型M8的螺栓打扭力（0、1、5型M8螺栓力矩为15 N·m；2、3型M5螺栓力矩为6 N·m；4型M6螺栓力矩为10 N·m）。

③紧固螺栓方法二，凭借经验使用腕力加臂力紧固，弹簧垫圈压平后继续旋紧螺母过45°。

④安装螺栓采用对角线紧固顺序。

⑤做好防松标记，连接数据线缆传感器和组件上的插头；安装好的轴箱加速度组件如附图1-6所示。

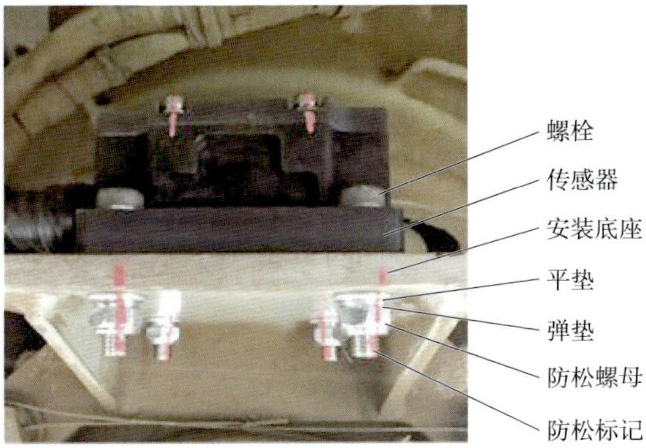

附图 1-6 加速度传感器组件安装示意

⑥安装作业结束后，拍照留存记录。

⑦修改安装组件的标定系数。

⑧记录作业时间、地点，新装传感器组件编号，并将旧组件移交技术人员。

附录2　备品（备件）认知汇总

加速度检测系统备品				
序号	备品名称	备品图片	安装位置	备品描述
1	0型左轴箱 加速度计 LXA-0	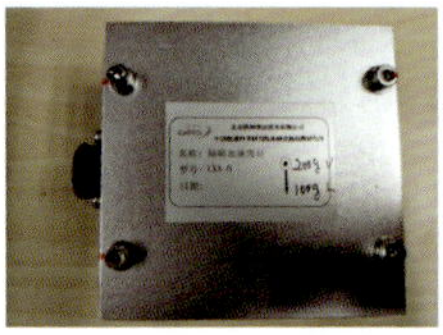	2150车8车3轴左侧 	量程为横向100g， 垂向200g
2	0型右轴箱 加速度计 RXA-0		2150车8车3轴右侧 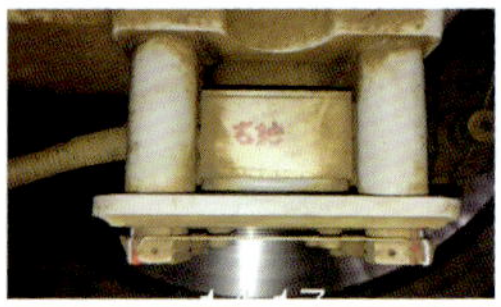	量程为垂向200g
3	1型左轴箱 加速度计 LXA-1	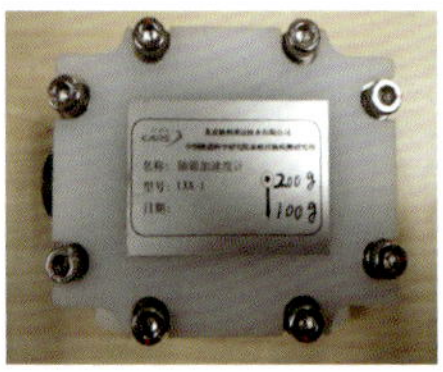	0201车1车4轴左侧、 0202车1车1轴左侧、 0203车1车4轴左侧、 0204车1车1轴左侧、 0205车5车4轴左侧 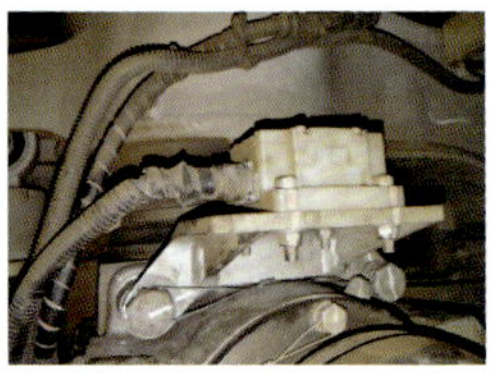	量程为横向100g， 垂向200g
4	1型右轴箱 加速度计 RXA-1		0201车1车4轴右侧、 0202车1车1轴右侧、 0203车1车4轴右侧、 0204车1车1轴右侧、 0205车5车4轴右侧 	量程为垂向200g

续表

加速度检测系统备品				
序号	备品名称	备品图片	安装位置	备品描述
5	1型构架 加速度计 BGA-1	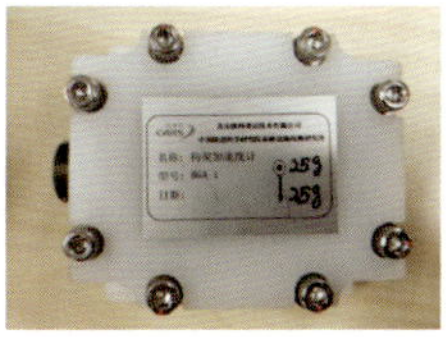	0204车1车1轴转向架左侧、0205车5车4轴转向架左侧 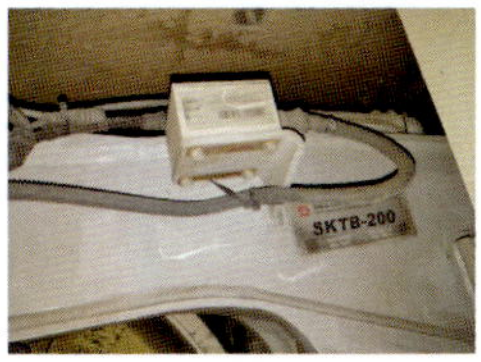	量程为横向25g，垂向25g
6	2型左轴箱 加速度计 LXA-2		0301车3车3轴左侧 	量程为横向100g、垂向100g
7	2型右轴箱 加速度计 RXA-2	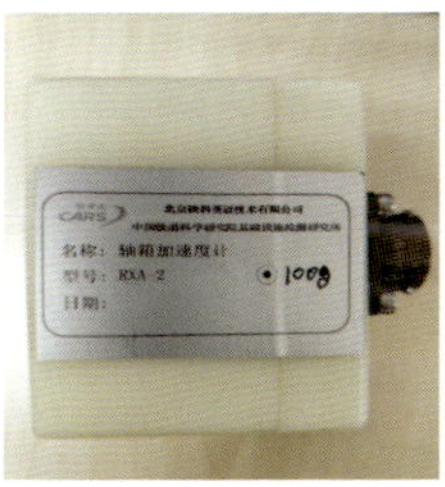	0301车3车3轴右侧 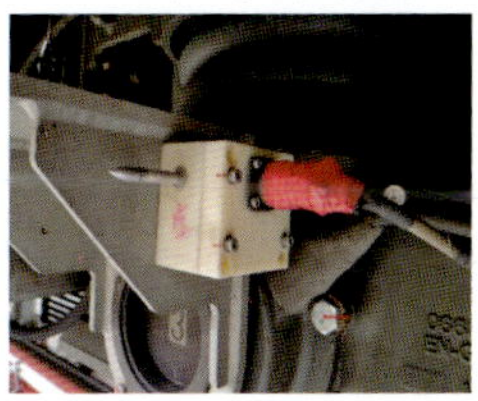	量程为垂向100g
8	2型构架 加速度计 BGA-2	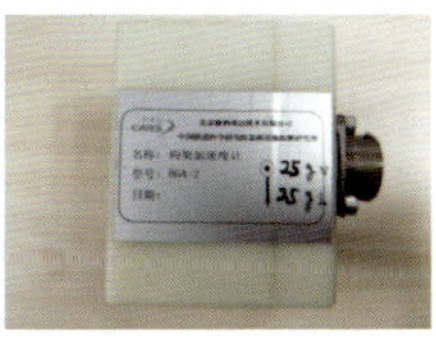	0301车3车3轴构架左侧 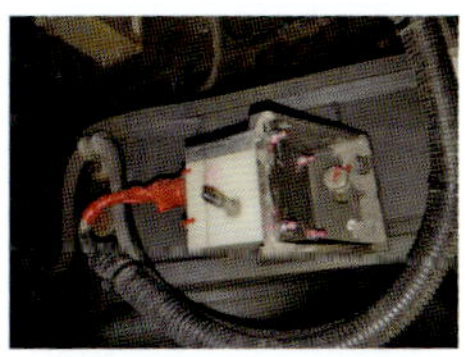	量程为左侧构架横25g、垂25g
9	3型左轴箱 加速度计 LXA-3		0501车5车3轴左侧 	量程为横向100g，垂向200g

续表

加速度检测系统备品				
序号	备品名称	备品图片	安装位置	备品描述
10	3型右轴箱 加速度计 RXA-3	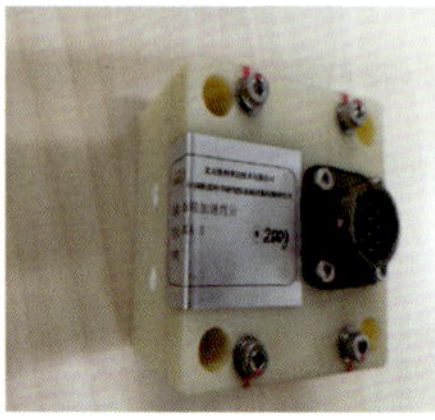	0501车5车3轴右侧 	量程为垂向200g
11	3型构架 加速度计 BGA-3		0501车5车3轴构架右侧 	量程为横向100g，垂向200g
12	4型左轴箱 加速度计 LXA-4		0504车4车2轴左侧 	量程为横向100g，垂向200g
13	4型右轴箱 加速度计 RXA-4		0504车4车2轴右侧 	量程为垂向100g
14	4型构架 加速度计 BGA-4		0504车4车2轴构架右侧 	量程为横向100g，垂向200g

续表

加速度检测系统备品				
序号	备品名称	备品图片	安装位置	备品描述
15	5型左轴箱加速度计LXA-5		2061车和2068车1车3轴、2808和2818车8车3轴左侧 	量程为横向100g，垂向200g
16	5型右轴箱加速度计RXA-5		2061车和2068车1车3轴、2808和2818车8车3轴右侧 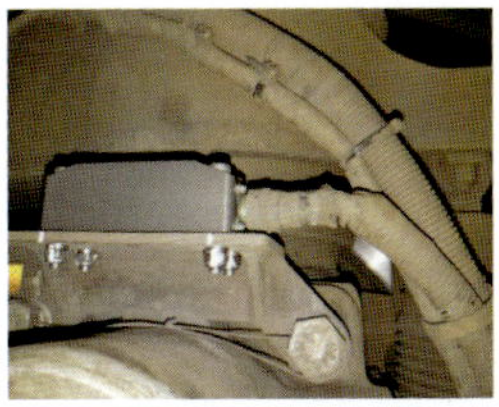	量程为垂向100g
17	5型构架加速度计BGA-5		2061车和2068车1车3轴、2808和2818车8车3轴构架左侧 	量程为横向100g，垂向200g
18	车体加速度计BDA-0		所有车通用，一般在车内中心线左侧1 m处 	量程为横向2g，垂向2g

续表

加速度检测系统备品				
序号	备品名称	备品图片	安装位置	备品描述
19	加速度测量仪（IMC）		0201车和0204车1车1号机柜，0202车和0203车1车4号机柜，0205车5车13号机柜，2061和2068车1车5号机柜，2150车8车18号机柜，0501车5车15号机柜，0504车4车13号机柜，0301车3车18号机柜 	
20	工控机（采集机和分析机）	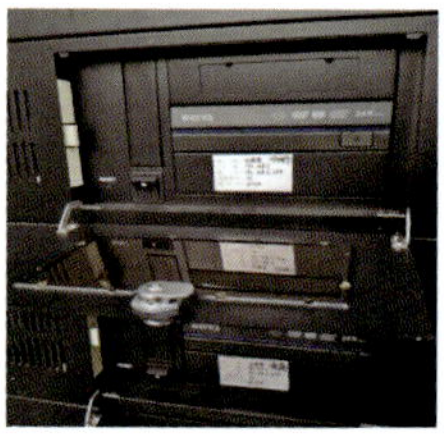	2061车和2068车1车5号机柜底部，和轨检共用显示器。2150车8车19号机柜。0501车5车15号机柜底部。0504车4车13号机柜，采集机和分析机正常KVM切换。0301车3车18号机柜。0201车1车1号机柜。0202车和0203车2车11号机柜，采集机和分析机正常KVM切换。0204车2车5号机柜。0205车5车13号机柜,采集机和分析机正常KVM切换	0501车和2150车为无线键鼠

参考文献

[1] 王平，杨荣山. 轨道工程[M]. 北京：机械工业出版社，2021.

[2] 高亮，肖宏. 轨道工程[M]. 重庆：重庆大学出版社，2014.

[3] 李成辉. 轨道[M]. 成都：西南交通大学出版社，2012.

[4] 罗林，张格明，吴旺青，等. 轮轨系统轨道平顺状态的控制[M]. 北京：中国铁道出版社，2006.